A Silvia e Riccardo, il mio abbinamento preferito.

Cruda & Crudo

30 ABBINAMENTI

tra le migliori birre artigianali e altrettante crudità

INDICE

PREFAZIONE

Chi, come il sottoscritto, s'è trovato a fare negli ultimi 30 anni il mestiere che fa (giornalista d'economia, ma con focus su tutto quel che ruota attorno alla terra, l'alimentare, le fonti d'energia correlate, e con una specializzazione acquisita sul campo, e via via affinata, di critico enogastronomico: etichetta che quasi non esisteva quando quel percorso è iniziato) può ritenersi decisamente fortunato. Non capita a tutti d'aver vissuto ben tre "rinascimenti". Primo, anni Ottanta, quello del vino italiano, entrato da protagonista nell'era moderna dopo la ferita sanguinosa, ma risvegliante, del metanolo; poi la nuova ristorazione, con una generazione determinata, curiosa, intraprendente e preparatissima (grazie anche a maestri come "re" Marchesi, o il meno visibile ma nodale Angelo Paracucchi) che ha di fatto ribaltato e annullato la sudditanza nei confronti dell'ordinata, possente macchina da guerra francese. Terzo, e in impetuoso corso, il new deal del mondo birra. Che coincide (alimentandosene) con tre altre novità vistose: l'allargarsi e il ringiovanirsi dell'area dei "sensibili" al gusto; la facilità (sant'Internet) della messa in rete orizzontale e informale delle loro esperienze e curiosità; e infine il "contagio" del territorio, voglia di radici e appartenenza accanto al crescere delle tecniche indispensabili, anima del boom dei nostri birrifici artigiani, belli, tanti, e tanto local nelle scelte di prodotti e stili quanto glocal nella sostanza della proposta finale.

Il lavoro del critico, oltre a quello saltuario di misuratore di performance, è spesso lavoro da pontiere. Fare sintesi. E spiegare perché. È così che qualche anno fa sono nati i primi incroci tra i tre mondi rinati: con l'equiparazione per dignità d'approccio e degustazione delle "nuove" birre alla consolidata esperienza del comparto vino; e poi l'intreccio sempre più fitto con la ristorazione in fermento, chef rampanti e creativi, sommelier fantasiosi e liberi di testa.

Si è giunti così all'ingresso del mondo birra nelle Guide gastronomiche paludate. E, un paio d'anni fa, a cura (che rivendico con orgoglio) del sottoscritto, alla prima Guida di sempre alle Tavole della Birra (incluso il binario laterale dei beer shop) nientemeno che sotto l'egida de L'Espresso, cioè l'aristocratica "scuola" che per esplicita dichiarazione aveva sin lì considerato "solo il valore della cucina".

È per tutto questo che quando, in piena armonia con le premesse (anzi, tappa originale nel loro sviluppo) mi è arrivata la proposta (e il lavoro) di Edoardo Fraioli, contentezza e orgoglio sono saliti alle stelle. E, attenzione: non solo perché (e già sarebbe molto) "Cruda & Crudo" è un upgrade, un passo ulteriore e intelligente, oltreché enormemente divertente, nel percorso, una deriva attuale e "croccante" dentro un universo in movimento. Ma è che a fare la differenza è (esemplarmente contemporanea) la figura stessa dell'autore, il suo modo di condurre il gioco. È lui, o gli somiglia molto, la nuova "creatura" che in questi anni avevamo immaginato. Capace di sintetizzare con lievità (senza maniacalità da patologo del gusto, e soprattutto senza mai tirarsela) le anime di foodie curioso e di beer lover in cammino. Esemplare nel condividere e praticare, tra un capitolo e l'altro, l'esperienza della cucina, "gioco" di sapori e di manualità, con la prole, nuova figura genitoriale che educa sapidamente e con l'esempio, e non con i diktat del si può e non si può (e cresce a sua volta). Arguto nell'individuare il campo d'azione, quel raw che è una modalità del cibo di questi anni e di molte nuove birre, che rivendicano così patenti di sincerità (come essere crudi, cioè nudi, se non si è buoni e freschi?), ma anche di abilità a volte funamboliche dei makers (si fa presto, verrebbe da dire ribaltando il luogo comune, a cuocere, pulire e filtrare, ma tocca esser davvero bravi per rendere gastronomico il mondo allo stato brado), puntando poi sul gioco combinatorio, divinatorio e rivelatore degli abbinamenti. Experienced, infine, del mondo web. Per il quale, con il cartaceo e senza dicotomie, questo lavoro è stato concepito.

È stato davvero unico valutare e discutere con Edoardo e il resto del team a tavola (nel mio caso quella intelligente e godibile, lucente di sensibilità e allegria, di Alessandro "Cipria di Mare") gli abbinamenti, mentre la figliolanza degustava lì accanto (i piatti, non le birre: le sigle genitoriali bigotte si astengano pure da geremiadi) e commentava in parallelo, forte delle proprie esperienze ai fornelli. Ed è un fatto unico (e un gran piacere) anche scrivere queste righe NON AVENDO (volutamente) letto l'intero libro. Manca il capitolo al cui concepimento ho preso parte degustando. E leggerlo è un piacere (lettore tra i lettori) che mi riservo golosamente per il poi. Per quando io, come voi, avremo davanti (o sulla tablet, o lo smartphone) "Cruda & Crudo". Godendoci storie, ricette, birre e relativi matrimoni. E il sorridente filo autobiografico che Fraioli dipana in parallelo alla sezione, diciamo così, "beer & food". A rammentarci che fare e "ascoltare" cibo (e "sorella" birra) è, anzitutto e sempre, vita. Condivisione. Scambio. Partecipazione. Cioè, gioia. Alla faccia di ogni saccente, imbacchettato precettore di pietanze e calici. Prosit.

Antonio Paolini

INTRODUZIONE

L'Italia è il Paese della gastronomia per eccellenza e da qualche anno sta intraprendendo il cammino verso la vetta delle birre di qualità, per cercare di raggiungere le birre Belghe, Inglesi o Americane.

Quando ho cominciato a bere Birre Artigianali, essendo soprattutto un appassionato cuoco amatoriale, ho iniziato a cercare libri di abbinamenti tra cibo e birra, ma purtroppo non ce ne sono che esaltino il buono della cucina italiana. All'estero ovviamente esistono diversi libri sul tema, ma sono fortemente convinto che noi italiani, per il background di sapori, per la qualità e varietà di materie prime a disposizione sappiamo meglio di tutti abbinare un piatto ad una birra o ad un vino.
Nel frattempo ho potuto approfondire le tecniche di cucina in corsi di specializzazione, qualche trucco, dagli antipasti al dolce, passando per corsi tematici sulle lasagne, fino ad arrivare ai "Carpacci e Tartare di pesce" che più di tutti mi ha avvicinato e fatto innamorare delle crudità.

Per questo è nato Cruda&Crudo, scegliere e preparare un piatto con ingredienti doc, ragionare su 3 birre, italiane o estere, che possano rappresentare un partner ideale per quell piatto, proponendo al lettore che si sta avvicinando al mondo delle Birre Artigianali, un modo divertente di farlo.

Vizi e virtù degli abbinamenti cibo e birra artigianali?

Il vizio è continuare a bere Birra solo con la pizza, o solo post cena, ma fortunatamente, la passione di alcuni pub ha fatto conoscere le birre artigianali estere al grande pubblico, e la vision di alcuni Birrai italiani ha convinto con la qualità dei propri prodotti molti ristoratori a proporre una carta delle birre artigianali italiane.

Una virtù di questa unione è che la birra può arrivare e spingersi in abbinamenti in cui il vino certe volte è in difficoltà.

La Birra è divertente, è nata per essere bevuta in compagnia, noi italiani siamo sicuramente grandi inventori, navigatori, poeti e programmatori di computer, e se c'è una cosa che ci unisce davvero, dal primo all'ultimo paesino, di mare, di montagna o di lago, è il piacere di sedere a tavola con un'allegra compagnia e tante cose buone da mangiare e da bere.

Questo libro racconta l'incontro tra due mondi che rappresentano le tendenze crudiste che si stanno affermando in questi ultimi anni: quella delle materie prime di altissima qualità valorizzate dalla realizzazione di piatti a crudo e quella della nascita di Birrifici artigianali.

Ricette di crudo di pesce, carne o insalate gourmet trovano nella birra una compagna di tavola dai profumi non industrializzati che ricordano e assecondano gli ingredienti integri e i sapori del territorio con i quali sono preparati i piatti.

Assistiamo alla costante diffusione di Beer Shop che presentano un'ampia selezione di birre italiane e straniere, e, da qualche tempo, i ristoranti propongono ai propri clienti la carta delle birre.

Questo lavoro è un invito a chiedere non più una birra chiara o rossa, ma chiedere "Che tipo di birra avete?", ed essere pronti a sceglierne una in relazione ad ogni piatto, crudo o cotto, che ordinerete..

Non è una guida.

Non è un manuale sugli abbinamenti birra – cibo.

Non è un'opera sulla storia della birra.

Non è una guida ai ristoranti dove si degusta birra.

Questo non è un libro di ricette, ma il racconto delle passeggiate nei mercatini rionali, i viaggi in Europa guidati dai percorsi dello street food, le gite fuori porta al solo fine di provare quella trattoria o quel posto trendy che realizza esperimenti culinari, o comprare un prodotto unico figlio di un territorio straordinario, quale quello delle piccole realtà locali italiane.

Non è una guida alla migliore birra da acquistare ma il racconto di serate passate in compagnia con la comune voglia di parlare dei profumi e dei sapori che regalano i nostri piatti e i bouquet profumati delle birre artigianali.

Qual è la birra giusta da abbinare ad un certo cibo?

La risposta a questa domanda è un gioco di profumi, sensazioni, ma anche l'atmosfera della serata, gli amici e le risate...

Ho deciso di provare a raccogliere tutto ciò in alcune serate organizzate per giocare insieme con le birre artigianali o di micro birrifici di tutto il mondo.

Ho ospitato i miei amici, appassionati gourmet, preparando per la serata una crudità, ed insieme a loro, sceglieremo il suo partner ideale.

Daremo un giudizio non sulla birra in se', ne' sul piatto preparato, bensì sull'abbinamento, la gradevolezza del connubio o il gioco del contrasto.

Cruda & Crudo è un invito a lettori ad effettuare esperimenti culinari, soprattutto abbinamenti secondo il proprio gusto.

Nasce perchè non ci sono libri di abbinamenti tra cibo e birra, che esaltino il buono della cucina italiana mentre all'estero ovviamente esistono diversi libri sul tema.

Sono fortemente convinto che noi italiani, per il background di sapori, per la qualità e varietà di materie prime a disposizione sappiamo meglio di tutti abbinare un piatto ad una birra o ad un vino.

IL MERCATO RIONALE

Mi sento bene, semplicemente bene, quando esco la mattina e vado in via Metauro, al nostro mercato di frutta e verdura, e mi dirigo spedito e sorridente al banco del mio amico Francesco e so che lui è lì, a lavorare dall'alba con i suoi genitori, come se mi aspettasse.

È il nostro volerci bene che mi da' questa sensazione di serenità e così inizio a chiedere gli odori più inusuali per quella tartare da sperimentare domani o quella frutta esotica matura al punto giusto per guarnire il piatto del mio carpaccio di sabato e Francesco mi asseconda, con il suo straordinario candore...

Ma Francesco è di Fondi e abita immerso nella campagna pontina, quindi, come non mettere in busta le uova delle galline di sua mamma Lucia?

Eh si perché le ho conosciute anche io personalmente quelle galline che razzolano libere nella sua tenuta a Fondi, così come il Mercato Ortofrutticolo MOF, che Francesco mi ha portato fiero a vedere appena sono andato a trovarlo.

OK, adesso si ragiona, i materiali per realizzare un'opera d'arte devono essere essi stessi forme d'arte....ora posso far allontanare Francesco dal suo banco e trascinarlo in una fugace pausa caffè... senza dimenticare di aggiungere la bufala insuperabile del caseificio Paolella, che ogni mattina porta a Roma.

Per preparare la spigola con le pesche e l'aneto, descritta qui di seguito, avevo scelto il più bel finocchio sul banco, quello con il ciuffo più rigoglioso, da usare sminuzzato nella tartare... Lucia lo prende, lo pesa e... taglia via l'erbetta, come è abituata a pulirlo amorevolmente per i suoi clienti.

Tragedia sfiorata, fortunatamente non era l'ultimo.

TARTARE DI SPIGOLA PESCA...TA IN MARE

Ingredienti per 4 persone:

600/700 gr di filetto di spigola del mediterraneo (zona FAO 37)
2 pesche noci
1 pesca percoca
un ciuffo di aneto
1 cucchiaio di semi di finocchio
1 lime
sale rosa dell'Himalaya
pepe nero macinato fresco
pepe rosa

Passate alla vostra pescheria d fiducia, perché il pesce di questa semplice ricetta è indispensabile che sia freschissimo. Mentre vi fate sfilettare la spigola dalla signora della pescheria andate al banco della frutta e scegliete delle pesche abbastanza mature (un trucco per farle maturare in fretta? Mettetele in una busta di carta con 3 o 4 banane per un giorno. Vedrete il risultato).
Fatevi dare un finocchio, con un bel ciuffo verde, che userete sminuzzato.
Tornate a prendere la spigola e a casa tagliate le pesche e il pesce a dadini. Aggiungete il succo di lime, i semi di finocchio e l'aneto, insaporendo con sale e pepe.
Riponete in frigo per 30 min.
Servite ben freddo impiattando con un coppapasta, guarnite con

qualche bacca di pepe rosa e un filo d'olio extravergine d'oliva.

Da abbinare con:

Lemon Ale
Volume alcolico 5,5%
Birra italiana del birrificio KARMA, in stile blanche belga
Schiuma candida e persistente, aspetto velato tipico dello stile
Blanche belga.
E' spiccato il sentore degli agrumi di Sorrento, in particolare il
cedro;
Pulisce bene la bocca, ma il livello di acidità è eccessivo per
l'abbinamento. Richiederebbe forse un partner più robusto, come
il pesce azzurro o dei crostacei, anche se si fa apprezzare per la sua
freschezza.

La Trappe Witte Trappist
Volume alcolico 5,5%
Birra olandese del Brewery Koningshoeven unica birra trappista
blanche.
Colore giallo paglierino leggermente velato coperto da una
schiuma bianca finissima e di media persistenza.
All'inizio agrumi, lieve sentore affumicato che si rafforza col
passare del tempo, un leggero amarognolo finale;
il limone si sente anche se non è presente tra gli ingredienti mentre
gli agrumi al naso sono sempre appena percepibili;
Fresca ed equilibrata, si abbina bene alla tartare.

Saison d'erpe-mere

Volume alcolico 6,5%

Birra belga la prima birra prodotta dalla Glazen Toren.

Colore giallo dorato opalescente; la schiuma è bianca e meravigliosamente fine.

Ha un naso più asciutto delle altre due, è una Saison dal sentore pepato e con un richiamo agli arachidi e alle erbe, dove comunque gli agrumi lasciano una piacevole asprezza;

Corposa, più adatta alla carne che al pesce, il finale è molto più secco e luppolato. A fine pasto da sola si lascia bere con piacere.

Il nostro abbinamento preferito

La Trappe Witte Trappist

La freschezza della birra non sovrasta il sapore delicato del piatto in abbinamento. Risulta la più equilibrata delle tre nell'abbinamento proposto.

Equilibrio che non è sintomo di un carattere meno forte delle altre.

Da provare anche con un battuto di filetto potrebbe riservare un piacevole abbinamento. Si merita il primo posto.

SIRACUSA: Birre ghiacciate e insalata di Zeus

Un luogo suggestivo e pieno di storia, il Teatro Greco di Siracusa era sede di rappresentazioni oratorie e teatrali, animando la vita politica e culturale della città. L'Orecchio di Dionisio, cavità artificiale ricavata dall'estrazione della pietra, è spesso sede di spettacoli estivi di grande suggestione. A pochi passi, uscendo dalla cavità, andando verso l'anfiteatro, si trova questa bellissima pianta di capperi siciliani, che, appesa al muro a secco, lungo le spaccature della roccia, cattura tutto il sole della Sicilia.

Il **Sole della Sicilia** rende unici tutti i prodotti di questa terra meravigliosa, visitata quest'estate in un viaggio itinerante che parte dalla **Calabria,** tocca **Capo Vaticano** e continua a **Palermo,** prima al **mercato di Ballarò** – dove siamo rapiti da un banco di soli pomodori, distesa di infinita bellezza di datterini rossi – poi al **tempio di Segesta,** attraversando la **Valle dei Templi**, per concludersi a **Siracusa**, in un susseguirsi e alternarsi di visite culturali e gastronomiche e una sosta al **U' Vastiddaru.** È lo stesso Sole che illumina le leggende che hanno ispirato questa ricetta con ingredienti locali, in onore di Zeus.

Ingredienti per 3 persone:

150 gr di insalatina verde tipo lattuga
1 cipolla di Tropea
300 gr di pomodori datterini di Sicilia
2 cetrioli
200 gr di Feta
150 gr di olive greche
4 cucchiai di Olio Extravergine d'Oliva
mezzo limone
origano fresco
sale

Preparazione:

E' un piatto in cui la freschezza e il sapore dell'insalata è importante, per cui uscite presto la mattina e andate al mercato più vicino e acquistate un cespo di insalata verde che vi piace di più, lattuga o cappuccina.

Lavatela e asciugatela (possibilmente passandola nell'apposito strizza insalata), poi tagliatela a pezzetti piccoli a piacere. Pelate i cetrioli, dopo averli ben lavati e tagliate ad anelli la cipolla. Snocciolate le olive e unitele alla insalata e ai cetrioli.

Preparate un'emulsione di olio, un pizzico di sale e il succo di limone.

Tagliate la Feta a cubotti e unitela al resto insieme alla cipolla e mescolate con l'emulsione.

Da abbinare con:

Stelle e strisce (voto 7,5/10)

Volume alcolico 3,9%

La Stelle e Strisce è una Golden Ale di Birra del Borgo.

Colore ambrato abbastanza carico e opalescente.

Profumo complesso che va dal biscottato alla frutta esotica (ananas su tutto).

In bocca il corpo è medio e media è la carbonazione, maltato e in breve tempo sopraggiungono agrumi, resina, frutta tropicale, per arrivare ad un finale amaro e vegetale.

24 K (voto 8,5/10)

Volume alcolico 4,6%

Golden Ale del birrificio lombardo Brewfist.

Colore arancio. Al naso è ottima con sentori floreali e leggero di malto. Al gusto si sentono i malti, seguiti da un erbaceo in chiusura. La luppolatura non è mai eccessiva, molto beverina e sempre equilibrata.

Runa (voto 8,5/10)

Volume alcolico 4,8%

Birra base del birrificio Montegioco

Colore arancio dorato; naso ricco di profumi arancio, crosta di pane, frutta dal sapore rotondo come la pera.

Morbida, leggera, mai forzatamente amara, amaro dato dalle note vegetali di fieno e erbe. Fresca, asciutta, profumata.

Il Nostro abbinamento preferito:

Runa

Della Stella e Strisce ci piaceva la definizione data dalla birrificio "perfetta per i mesi caldi, e che ci fa venire in mente le spiagge di San Diego o i boulevard di Los Angeles. Ma potete berla anche a Capocotta!". Cosa c'è di meglio per accompagnare i sapori e il calore di una spiaggia greca?

Ottima bevuta, anche se la 24K ci soddisfa per un amaro più delicato e meno maltato.

La Runa "è una birra per sottrazione", manca di qualcosa, e in effetti viene utilizzata per successive elaborazioni.

Ma anche in purezza per la sua semplicità accompagna alla perfezione una insalata leggera arricchita con il tocco di sapidità dato dal formaggio greco Feta.

La vicinanza storica, culturale, geografica con la Grecia rappresenta un nodo decisivo per la storia e la cultura della Sicilia, anche nella gastronomia, olio e vini siciliani sono simboli della cucina di questa terra. E l'olivo e' anche, nella mitologia greca, considerata una pianta sacra donata da Atena, l'olio è considerato dono di Aristeo, figlio di Apollo. Si racconta che la vite e' dono di Dioniso, che dall'Attica portò la prima pianta in....Sicilia!!

Miti e leggende, con il sapore delle birre gelate e delle olive greche nel palato....

Ospite una filosofa appassionata di buona birra, non potevamo non preparare una insalata dedicata a Zeus, a chi altri se non al Dio Greco.

Siete sicuri che a Zeus veniva offerto solo il nettare degli Dei, o magari ogni tanto anche un calice di birra?

Sapevate che l'olio d'oliva greca era ampiamente usato come cosmetico da Ira?

La moglie di Zeus lo usava nei suoi vari tentativi di sedurlo.

Bianchissima e piacevolmente salata, la Feta vanta origini riconducibili a Polifemo e ad Ulisse che mentre scappa dalla grotta del Ciclope si aggrappa al caprone, il cui stomaco era utilizzato da Polifemo come otre per cagliare il formaggio…

Cosa possiamo ammirare mentre degustiamo?

Trovandoci a Siracusa, e avendo visitato il **Teatro Greco**, non possiamo non rimanere stendhalianamente colpiti dalla forza e dalla vividezza del parto mostruoso della **Gorgone ferita da Perseo** raffigurato in questa lastra in terracotta (575 a.C. circa) di rivestimento architettonico proveniente dall'**Athenaion (Tempio di Atena) di Siracusa** e ora conservata al **Museo Archeologico Regionale "Paolo Orsi"**. La maggior parte delle raffigurazioni delle Gorgoni accosta al corpo la maschera digrignante e la lingua pendente della Gorgone Medusa, insieme ad altri simboli di dinamica energia vitale: tralci di vite, serpenti, spirali e lucertole.

Ma chi erano le Gorgoni? Figlie di **Ceto e Forcio**, un vecchio dio marino e sorelle delle **tre Graie** (tre vecchie con un solo occhio e un solo dente, pallide e simili a cigni che sorvegliavano l'accesso alla dimora delle Gorgoni) e, in alcune versioni, delle **tre Esperidi** (tre fanciulle che custodivano in un giardino l'albero delle mele d'oro), vivevano ad Occidente, vicino alla terra dei morti.

Le Gorgoni erano tre, di cui due immortali (**Steno** "la forte", **Euriale** "la spaziosa") e una mortale, ovvero la famosissima **Medusa,** "la dominatrice".

Il film giusto?

La scelta più scontata a volte è la più avvincente: come non visitare le vestigia della Magna Grecia senza pensare agli dèi e agli eroi che ne hanno animato la tradizione? Come non rivedere **"Troy"**, per esempio, senza pensare al prode guerriero **Ulisse** che per tornare alla sua **Itaca** dopo aver distrutto **Troia** toccò le coste della **Magna Grecia** vivendovi avventure straordinarie? E poi è anche un gran bel film, con attori di una bravura immensa: **Diane Kruger** è perfetta nella sua Elena come lo sarà nel ruolo di **Bridget von Hammersmark** in **"Bastardi senza gloria"**; non a caso è considerata la donna più bella del mondo, ma è anche un'attrice formidabile. Per non citare le emozioni contrastanti che riescono a suscitare due giganti come **Eric Bana** e **Brad Pitt,** che si fronteggiano nel duello tra **Ettore** e **Achille.** Insomma, per respirare la Magna Grecia basta chiudere gli occhi e respirarne i profumi… e poi riaprirli quando inizia il film!

Cosa leggere all'ombra degli ulivi?

Io ho scelto un libro pubblicato da Mondadori nel 2012, **"Il mio nome è Nessuno"** di **Valerio Massimo Manfredi**: è scritto in prima persona e Ulisse si racconta con tutta l'umanità e il coraggio che lo hanno reso il mio eroe preferito. Valerio Massimo Manfredi porta alla luce episodi e personaggi che né Omero né Dante ci hanno raccontato: è il mondo antico quello in cui ci immergiamo in quelle pagine, brulicante di uomini, donne, imprese… Una storia incalzante e inesorabile come il **Sole di Sicilia**, tempestosa come il mare di **Scilla e Cariddi**, divina come l'insalata di Zeus!

VALENCIA: Il Mercato Central e il Gazpacho di Pepa

Il Mercato Central di Valencia non è un monumento, né un'attrazione per turisti, è semplicemente il mercato di Valencia, si può trovare qualsiasi cosa da mangiare, dalla frutta secca allo Jamón ibérico, in un inebriarsi di profumi ispanici. Chiassoso e colorato, ma organizzato, pulitissimo e amato dai turisti gourmet che come noi lo visitano camminando tra i banchi, a tapear lì, come in città.

Il mercato è ispirazione di vita, ho visto colori affascinanti, la gente che si racconta gli aneddoti quotidiani, i bambini che corrono tra i banchi, i genitori che urlano ai figli di non correre e i turisti che fotografano i vari banchi.

Uno spettacolo, un luogo che emette emozioni!

Valencia è l'ultimo dei nostri viaggi gourmet in Spagna, prevede una sosta al Mercat Central, come a Madrid e come al Mercat de la Boqueria a Barcellona, come nelle avvolgenti città dell'Andalusia, dove sembra essere catapultati in un set di un film di Almodovar.

Il Gazpacho preparato da Pepa nello strepitoso film di Almodovar, nostro amore da sempre, ci ha ispirato questa ricetta, perché è la preparazione del Gazpacho che unisce le donne di Almodovar e dà a loro la forza d'animo di lasciare per sempre il ricordo dell'uomo che abbandona, che tradisce e le distrugge.

Ingredienti per 4 persone:

2 pomodori rossi maturi
1 costa di sedano
1 carota
1 peperone rosso
1 peperone giallo
1/2 cipolla
1 cetriolo
1 cucchiaio di ketchup
250 gr di bufala
2 cucchiai di olio extravergine d'oliva
1 mazzetto di basilico
olive taggiasche
sale

Preparazione:

E' un piatto estivo dai sapori eccezionali dell'orto. Pulite tutte le verdure, togliendo la pelle (pelate i peperoni per renderli digeribili). Frullate insieme con un frullatore ad immersione, unendo sale, olio e ketchup fino ad ottenere una salsa fluida ed omogenea.

Lasciate una mezz'ora in frigorifero, prima di servire stracciate la Bufala con le mani, snocciolate le olive e unite nel piatto al Gazpacho.

Tostate del pane in cassetta e tagliate a cubetti da aggiungere a piacere e finite il piatto con olio profumato al basilico.

Da abbinare con:

New Morning (voto 9/10)
Volume alcolico 5,8%
Saison del **Birrificio del Ducato**, ispirata alle Saison belghe.
Colore dorato intenso.
Profumo di camomilla predominante, soprattutto appena la birra riscalda leggermente. Comunque spezie, pepe e zenzero in un bouquet floreale spettacolare.
In bocca il corpo delicato, ha una secchezza dissetante ed un amaro non eccessivo, anzi gradevole, il dolce si sposa con i sapori del Gazpacho.

Migdal Bavel (voto 9/10)
Volume alcolico 6,6%
Saison, una birra collaborativa nata dall'incontro tra l'italiano **Extraomnes** e l'americano Stillwater.
Colore dorato con punte d'arancio
Al naso regala note molto speziate, leggermene aranciate ad aggiungersi ai profumi erbacei e fruttati.
Al gusto un amaro intenso, aromatico e delicato, molto beverina con un finale dolce/amaro lungo, pulito e persistente.

AraBier (voto 9/10)
Volume alcolico 8%
Saison del birrificio belga **De Dolle**.
Colore arancio dorato.
Naso ricco di profumi pepati, molto particolare, addirittura ricorda il peperone che si ritrova nel Gazpacho.
Si fa notare l'alcolicità più alta, l'amaro più persistente, più

complessa con punte di zenzero e pepe, con un robusto retrogusto di luppolo.

Il Nostro abbinamento preferito:

Abbiamo scelto tre Saison, stessa tipologia per un piatto estivo dai sapori dell'orto, tre Saison apparentemente simili, dai sentori diversissimi.
La New Morning per un abbinamento classico, senza voler osare una delicatezza che non sovrasta e il richiamo alla camomilla che sposa il pomodoro.

In tre, per questa degustazione, veniamo conquistati ognuno da una delle tre birre.

I MERCATI DEL NORD: Amsterdam, Seattle e il Salmone alla Stout

Ponte del 2 giugno del 2011, Amsterdam ci aspetta. I motivi del viaggio non possono che non essere anche culinari, oltre ovviamente l'attrazione fatale esercitata dall'idea di vedere i mulini di Don Chisciotte... Affittiamo tre biciclette e cominciamo a girare, fra ponti e canali di questo gioiello del Nord Europa.

Dobbiamo provare il panino con l'aringa del mercato che si svolge tutti i giorni per le strade del quartire di De Pijp. Arriviamo in tarda mattinata, decidiamo di gironzolare qui per un'oretta prima di recarci alla seconda tappa prevista, l'entrata all'Eineken Experience.

La strada dove si svolge il mercato è piena di botteghe che appaiono dietro le bancarelle e sono uniche nel loro genere. Come da buoni street fooders mangiamo direttamente qui, all'interno del mercato passeggiando, con un'aletta di pollo e un cartoccio di patatine fritte al momento, una spremuta di frutta extra e finalmente il nostro agognato panino con aringa affumicata, cetriolini sott'aceto e cipolla.

C'è di tutto, è un mercato tra i più popolari in città, si alternano bancarelle di vestiti, oggettistica, scarpe e filetti di salmone fresco, a cui è dedicato il tris di tartare...

Mentre a fine luglio, si va a Seattle, negli States, per lavoro...tra una sessione e l'altra, in pausa pranzo, rinunciando al work lunch in una sala enorme con l'aria condizionata a raffica, al sandwich con pollo, cetrioli, e salse di ogni genere, fuggo allo spettacolare Pike Place Market, che si affaccia sull'oceano Pacifico e ha quasi un secolo di vita, teatrale direi nei suoi chiassosi venditori, per le composizioni floreali variopinte e gigantesche e leggermente chic, in puro stile americano, sulle bancarelle dei fiorai, e per la varietà di generi esposti nelle gallerie labirintiche, le arcade, dalle spezie indiane alle forniture per negozi di magia...è questo ciò che mi aspetta e mi riempie il cuore di colori, di voci, di suoni, quasi come se fossi in una piazza della mia amata Roma...

Il pesce fresco, i granchi e i molluschi sono disposti sul ghiaccio in mucchi altissimi, su banconi di marmo imponenti, faccio attenzione ai pesci volanti...gli urlanti pescivendoli americani sono velocissimi nel tirare gli enormi salmoni del Pacifico tra una bancarella e l'altra, durante le loro aste pubbliche per l'acquisto più ambìto!"

TRI TARTARE DI SALMONE

Ingredienti per 2 persone:

due tranci di salmone
1 mazzetto di rucola fresca
1 limone
1 costa di sedano
2 foglie di basilica
Olio extravergine d'oliva
Sale e pepe

Preparazione:

CARPACCIO CON PESTO DI RUCOLA
Prendete i due tranci, togliete la pelle e la parte centrale con la spina.
Ricavatene 10 fette tagliate a carpaccio.
Il resto affettatelo grossolanamente per preparare la tartare.

TARTARE DI SALMONE MARINATO ALLA STOUT
Lasciate marinare con una emulsione di limone, Stout e un filo d'Olio.

TARTARE DI SALMONE CON SEDANO E BASILICO
Unite al salmone una costa di sedano, privato dei filamenti, tagliato anch'esso a tartare. Conditela con una emulsione di olio, sale e succo di limone.
Aggiungete del prezzemolo e 2 foglie di basilico spezzettate a mano. Guarnire con un po' di rughetta.
Lasciate marinare per una decina di minuti prima di impiattare.

Da abbinare con:

Weizen Il Miraggio (voto 8,5/10)
Volume alcolico 5%
E' una Weizen (ovvero una birra prodotta con una miscela di malti d'Orzo e di Frumento) del Birrificio Italiano prodotta per "decozione".
Colore giallo paglierino, leggermente torbida, la schiuma rimane persistente a lungo con la sua consistenza quasi pannosa.

Profumata, leggermente citrica e speziata, un sentore di banana, molto fresca.

In bocca il corpo delicato, super dissetante anche se il finale non è per niente amaro. In estate sarebbe regina indiscussa. Molto bene con la leggera marinatura del salmone.

RatWeizen (voto 9/10)

Volume alcolico 5,5%

Birrificio Montegioco si ispira alle Weizen bavaresi per questa birra prodotta con il 30% di frumento maltato.

Colore oro opalescente.

Al naso regala profumi di mela e banana alle quali si aggiunge il cereale.

Si sente un corpo più strutturato della Weizen di BI, per la rotondità del cereale e la mancanza citrica. Accompagna maggiormente il salmone per le sue note grasse, con l'amaro più persistente. Comunque molto beverina e rinfrescante.

Pan negar (voto 9/10)

Volume alcolico 4,7%

Stout del birrificio milanese Menaresta, è una Stout scura di origine anglosassone, dal forte aroma tostato e dal corpo leggerissimo, tradizionalmente da grande bevuta.

Colore cioccolato, schiuma color nocciola molto persistente;

Malto tostato, cacao, liquirizia.

Il corpo è leggero, la gradazione non è alta, la rendono molto bevibile, e l'accoppiata con il salmone risveglia i sensi.

Il nostro abbinamento preferito:

Pan Negar

Pasteggiare con una ottima Stout, compagna perfetta per il salmone crudo. La tartare centrale è stata a marinare con la stessa birra, che rende il matrimonio ancora più indissolubile.

Abbinamento eseguito in autunno, è il tempo delle prime castagne, per cui la freschezza estiva delle Weizen è l'unico difetto, se proprio vogliamo trovarlo, ma più personale che oggettivo.

VENEZIA: il mercato del pesce, il baccalà brillo

Andateci in gondola, a piedi o in vaporetto, ma andateci, come abbiamo fatto noi in questo weekend di carnevale perché mangiare a Venezia, al mercato del pesce, almeno una volta, è una esperienza eccezionale. E' il Mercato del Pesce di Rialto che si trova nel centro di Venezia ed è il cuore pulsante della città dove i veneziani fanno spesa e i turisti e le spose si mettono in posa per le foto tra i banchi del pesce, la frutta e le immancabili maschere settecentesche.

Il baccalà mantecato alla veneziana, una delle più antiche ricette locali, provato, in versione cicchetto, in una gastronomia ittica con cucina, qui al mercato, prevede 36 ore di preparazione se partite dallo stoccafisso non spugnato.

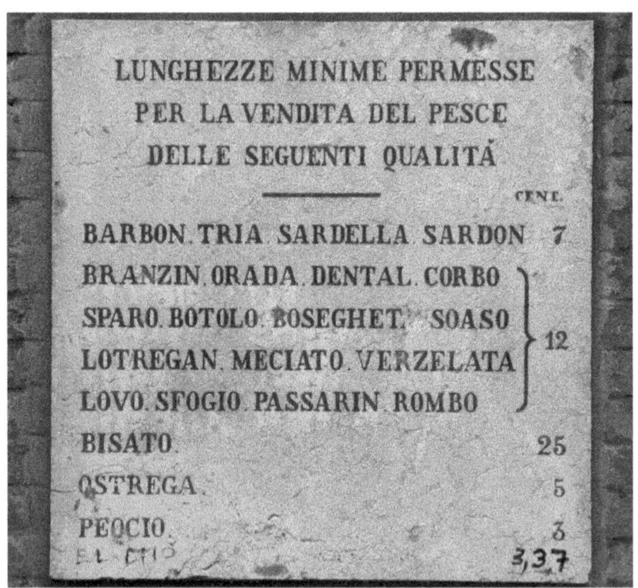

Viene chiamato baccalà il merluzzo decapitato, aperto e conservato disteso sotto sale. Ora potrei riservare lo stesso trattamento a degli ospiti indesiderati oppure se sono amici di vecchia data come stasera, diventare tutti un po' brilli come il povero merluzzo decapitato e un po' ubriaco...

Quando dare del baccalà a qualcuno non è offensivo...
Al Mercato del pesce di Venezia è dedicata la mia rivisitazione del Baccalà mantecato a crudo con la birra, un baccalà un po' brillo.

Postilla

Ci è scappato un piccolo assaggio, fuori tema, di fettuccine mantecate al baccalà con polvere di caffè...

Ingredienti per 4 persone:

400 gr di baccalà dissalato
2 barattoli di ceci già lessati
2 foglie di alloro
2 rametti di rosmarino
2 spicchi d'aglio
30 ml di birra artigianale
olio extravergine d'oliva
sale e pepe

Preparazione:

Togliete la pelle dal baccalà e ricavate la parte del cuore. Lasciate marinare il pezzo intero di baccalà insieme alla birra e un po' d'olio per 15 minuti. Deve essere una marinatura leggera.

Aromatizzate l'olio sul fuoco basso con alloro, aglio e rosmarino.

Cuocete i ceci per cinque minuti (piccola e unica divagazione sul tema delle crudità).

Al termine della cottura salate, eliminate gli aromi, frullate e passate al setaccio.

Conservate, al termine della marinatura, tagliate il baccalà a cubetti di circa 2 cm ed adagiarli sulla passatina di ceci.

Da abbinare con:

Dau Saison (voto 8,5/10)
Volume alcolico 3,9%
Birrificio Troll. E' una birra che riprende lo stile tradizionale delle Saison belghe
Colore dorato, la schiuma fine e abbastanza persistente.
Profumata con sentori di frutta e soprattutto pepe e zenzero.
In bocca il corpo è molto delicato, quasi etereo. Risulta di gusto speziato e leggermente citrico, poco amara e maltata, leggerissima di gradazione, rispetto ad un piatto corpulento in qualche sorsata rimane indietro. Va giù troppo liscia, anche se l'abbinamento c'è.

Ambrosia (voto 9/10)
Volume alcolico 4,5%
Birra Blanche Originale, per l'aggiunta di fiori di Sambuco, Gelsomino ed Erica del birrificio Toccalmatto.
Giallo paglierino velato, schiuma scarsa e per nulla persistente..
Al naso regala subito un intrigante odore che cattura, dovuto ai

fiori utilizzati.

La carbonatura è quasi inesistente. Anche il gusto è molto particolare, leggerissimamente citrica con sentori di miele e fiori. Beverina e rinfrescante, ci piace soprattutto con l'assaggio di fettuccine.

Seta (voto 9/10)

Volume alcolico 5%

Birra in stile Wit – Blanche del Birrificio Rurale

Paglierina opalescente;

Coriandolo, naso molto fresco, speziato, leggermente agrumato, con punte di limone.

Più carbonata delle altre, molto beverina, anche se dimostra la personalità che le altre non hanno, e i sentori speziati e citrici, con un buon amaro finale, la rendono amabile e leggermente acidula allo stesso tempo. Unanimità di giudizi positivi per l'abbinamento.

Il nostro abbinamenti preferito

Ambrosia - Seta

Un piatto di pasta non si nega a nessuno e se un ospite non mangia crudo è la soluzione migliore, almeno per noi italiani per soddisfare la fame, ma soprattutto per la soddisfazione di preparare una cena in compagnia di amici...

Non vi è mai capitato di organizzare una spaghettata di mezzanotte aglio olio e peperoncino, magari con l'aggiunta di una alicetta e pan grattato, una carbonara volante, o una cacio e pepe e la serata come per magia sembra ricominciare?

LA SCIENZA IN CUCINA: La Birra con la Bufala, ma non con la pizza

Questa volta non andiamo in giro per mercatini, fattorie o botteghe gourmet, ma cerchiamo in Internet e ci affidiamo alla Scienza per avvicinarci alle creazioni estrose e geniali dei grandi Chef.

Attrazione chimica quella per la mozzarella di bufala, sarà per questo che è l'alimento che più di tutti mi ispira accostamenti sorprendenti.

Il famoso Chef Blumenthal ad esempio, ha recentemente creato varie ricette, per tentativi, riuscendo ad accostare felicemente ingredienti insoliti: caviale e cioccolato bianco, banane e prezzemolo, oppure salmone e liquirizia, provato anche con l'aggiunta della bufala è un eccezionale accostamento.

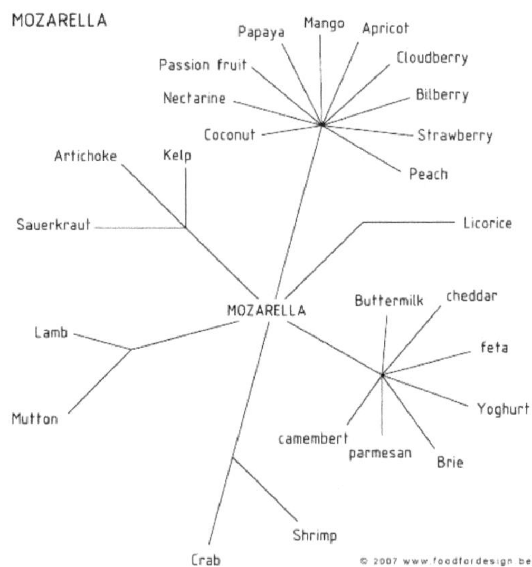

La scienza ci dice che se i profili degli aromi di due ingredienti, formati da decine di molecole diverse, ne hanno molte in comune, possono dare luogo ad una combinazione piacevole.

Se volete sperimentare anche voi con combinazioni inusuali, potete visitare il sito www.foodpairing.be, dove potrete scoprire quali ingredienti si potrebbero sposare bene secondo questa teoria. Analizzando i profili aromatici di molti alimenti è possibile classificarli e costruire degli "alberi" (simili agli alberi filogenetici utilizzati in biologia) che indicano quanto vicini o lontani sono due alimenti dal punto di vista gustativo.

PANE DI KAMUT, BUFALA E POLVERE DI LIQUIRIZIA

Ingredienti:

Mozzarella di Bufala
Polvere di liquirizia Amarelli
Pane di Roscioli

Preparazione:

Pane di Kamut bio dell'antico forno Roscioli, con tagliata di bufala Paolella e polvere di liquirizia pura Amarelli.

Da abbinare con:

Triple Agnus (voto 8/10)
Volume alcolico 7,5%
Birra belga del birrificio Corsendonk.
Colore giallo oro, leggermente velata.
Floreale con un po 'di frutta (pere, albicocche) con note pepate.
Medio corpo, mediamente carbonata che dà comunque un piccante effervescenza e una buona bevibilità.
In bocca crosta di pane e miele, rimane un po' appiccicosa alla bevuta successiva nell'abbinamento anche se l'amaro e la nota alcolica più alta le rende merito.

Oktoberfest bier (voto 9/10)
Volume alcolico 6%
Birra tedesca di Augustiner, stagionale preparata appositamente per l'Oktober Fest.
Colore giallo oro, trasparenza e freschezza caratterizzano questa birra dell'Oktoberfest, molto beverina.
Al naso si sente un bouquet floreale, camomilla e un lieve sentore erbaceo.
La prima sensazione viene catturata dalla frizzantezza di questa birra prodotta in primavera come da tradizione di Monaco di Baviera, che ben si sposa con la mozzarella untuosa e maestosa.

Gertrude Triple (voto 8/10)
Volume alcolico 7,5%
Birra belga a tripla fermentazione del birrificio Gertrude.
Colore giallo dorato opalescente;
Equilibrata questa birra creata nel Nivelles nel 2009, ma non esalta

il suo aroma di vaniglia considerando l'abbinamento. Si riscatta invece con le note più marcate della pesca tagliata insieme nell'ultimo pezzo di bufala rimata a tavola...
In bocca l'amaro è discreto. Un connubio basato sulla dolcezza di Gertrude, funziona ma non convince del tutto.

Postilla

Ottima anche la Weizen scura del Birrificio Italiano, Vudù, morbida, vellutata e profumata con fantastiche note di cioccolato, frutta e spezie, provata in un'altra degustazione con ricotta di bufala e polvere di liquirizia.

Il nostro abbinamenti preferito:

Oktoberfest bier

La freschezza della birra e la su frizzantezza spiccata si sposano alla perfezione con un piatto sontuosamente grasso come la mozzarella di bufala
Poi sarà anche un po' la storia del birrificio più antico di Monaco, e un po' d suggestione per la festa in corso di svolgimento, che questa "Oktoberfestbier", prodotta appositamente per essere servita in questo periodo, spillata direttamente da botti di legno ed ecco si aggiudica la votazione migliore nell'abbinamento proposto. Accoppiata che gioca e vince sul contrasto della frizzantezza e untuosità.

MATTONELLA DI BUFALA E TAGLIATA DI PESCA

Ingredienti:

Mozzarella di Bufala
1 pesca
1 foglia di menta

Preparazione:

Tagliare una fetta spessa un cm di mozzarella di bufala.
Pulire una pesca ben matura e ricavarne una tagliata o un dadolata
da distribuire sopra la feta di mozzarella.
Oppure creare anche un millefoglie di bufala e pesca, da
presentare con una foglia di menta.

Da abbinare con:

La Tartare di pesca al naturale adagiata su una fetta di bufala
valorizza l'abbinamento con la Gertrude Triple, la vaniglia si
fonde benissimo e anzi sottolinea il sapore della pesca e viceversa.

A CENA CON BALADIN

In informatica i colori primari sono Rosso (Red), Verde (Green) e Blu (Blue), da cui appunto il nome RGB.

I colori iniziano dalla miscelazione delle loro diverse tonalità. Vengono così rappresentati tutti i colori che vediamo su schermo di un computer.

La rappresentazione RGB di un colore è quindi un codice che identifica le tre diverse tonalità, e viene indicato con una stringa di sei caratteri.

Sarà forse inconsciamente per questo che scelgo, la Red Mama Kriek, la Green Isaac, la Blue Wayan, tre birre di Baladin, perchè Baladin è l'origine che ha rivoluzionato il mondo della Birra in Italia, dando lustro e facendo da incredibile volano a tutto il movimento brassicolo artigianale.

Non si può cominciare a bere Birra Artigianale senza avere bevuto le birre di Teo Musso, così come i colori in informatica vengono ricondotti al modello RGB, così le Birre artigianali, almeno in Italia, vengono ricondotte alla Baladin.

La Birra è diventata un prodotto di qualità, scrollandosi di dosso l'etichetta "popolare" e permettendosi abbinamenti che fino a qualche anno fa erano ad uso esclusivo del vino.

La degustazione di questa sera è esotica, speziata, con due piatti di pesce, mazzancolle profumate alla liquirizia e Frutto della Passione, Branzino e Avocado.

Ci piace anche la storia di queste birre, Isaac e Wayan sono i nomi dei due bambini di Teo Musso deus ex machina delle Baladin. Wayan significa "prima nata", in balinese, è sorella di Isaac. La

Mama Kriek è invece dedicata alla madre di Teo presente anche sull'etichetta; mamma Maria che pulisce le ciliegie griotte per le prime produzioni.

Mentre la Isaac e la Wayan sono indicate anche dal produttore per un abbinamento con crostacei e crudo di pesce, la Mama Kriek, già assaggiata con dolci alla frutta, ci ispira per l'abbinamento con il Passion Fruit prima e l'Avocado dopo, per il suo sentore fruttato.

D'altra parte esistono anche le "TIC TAC Cherry Passion" a darci conforto:

"il gusto della Ciliegia e quello del Frutto della Passione racchiusi in unica confezione, per un mix dal sapore sorprendente", così recita la pubblicità.

MAZZANCOLLE APPASSIONATE DI LIQUIRIZIA

Ingredienti per 4 persone:

8 Mazzancolle
5 Frutti della Passione
Polvere di liquirizia Amarelli
Zenzero
Olio Extravergine d'oliva
Sale e Pepe

Preparazione:

Comprare 2 mazzancolle per ogni ospite, assicurandosi che siano freschissime, controllando che la testa della mazzancolla non sia annerita e che non si stacchi troppo facilmente dal resto del corpo. Pulire le mazzancolle, togliendo le teste e il carapace, ovvero il guscio esterno, lasciandone solo l'ultimo pezzo attaccato alla coda. Spremete un frutto della passione sulle mazzancolle, aggiungete un pizzico di sale e pepe e fate riposare in frigo per 10 minuti.
Tenete le teste e il carapace da parte se volete preparare un ottimo fumetto per qualche altro piatto.
Sciogliere un cucchiaio di polvere di liquirizia in una tazza con poca acqua, in modo da renderla una crema fluida. Disponetene una parte su ogni piatto, se avete a disposizione un pennello per alimenti, spennellate il centro del piatto.
Tagliate a metà i frutti della passione, posizionateli sul piatto e infilatevi al centro una coda di mazzancolla.
Grattuggiate sopra lo zenzero, versate un filo d'olio e servite.

Da abbinare con:

Wayan (voto 9/10)
Volume alcolico 5,8%
Saison. Dorata e opalescente per i lieviti in sospensione, con una schiuma bianchissima e fine.
Odore caramellato, frutta matura, speziato e floreale.
Saison fresca e speziata, con un leggero amaro, si accompagna benissimo con le mazzancolle, il frutto della passione maturo al punto giusto, lo zenzero (che pizzica) e la liquirizia in un insieme

di sapori che si esaltano.

Isaac (voto 9-/10)

Volume alcolico 5,0%

Blanche. Colore albicocca paglierino chiaro e velato.

Il profumo ricorda l'albicocca come il suo colore, speziato e agrumato, dato dalle scorze di arancia presenti nella birra.

Gusto fresco, speziato tipico per le Blanche Belghe.

Fresca, con aroma fruttato e un finale pieno e leggermente dolce, in abbinamento perfetto con la dolcezza delle mazzancolle e ciitricità del frutto della passione.

Mama Kriek (voto 8,5/10)

Volume alcolico 5,8%

È una birra ispirata alle classiche Kriek. Colore rosa antico, tendente al color ciliegia, schiuma bianca e ricca.

Leggermente acida, speziata, il profumo di ciliegie non eccede.

Il gusto della Ciliegia e quello del Frutto della Passione, racchiusi nel boccone insieme alla mazzancolla è intrigante, avvolgente, equilibrata e gradevole si fa apprezzare anche dai palati meno "temprati".

Il nostro abbinamento preferito:

Wayan

Iniziamo con il dire che la decisione è veramente dura.

Una famosa canzone di Pino Daniele dice: "Ogni scarrafone è bello a mamma soja". Questo indica che per una mamma o per un padre, di solito, ogni figlio è il figlio migliore del mondo.

Non c'è niente di più vero, non conosciamo il figli di Teo Musso, ma la Isaac e la Wayan fanno immaginare che l'ispirazione che ha avuto Teo Musso nell'immaginare queste due birre così perfette.

Il tema della serata è "Sapori e saperi", gli accostamenti e accoppiamenti sono originali, creativi, fanno sentire un retrogusto letterario gli ingredienti sono come lettere, parole, suoni fino a diventare versi; e un retrogusto musicale, dalle note si arriva a partiture sinfoniche!
Cucinare per creare, per comunicare, per gustare.

"Gustare, in genere, esercitare il senso del gusto, riceverne l'impressione, anco senza deliberato volere, o senza riflessione poi. L'assaggio si fa più determinante a fin di gustare e di sapere quel che si gusta; o almeno denota che dell'impressione provata abbiamo un sentimento riflesso, un'idea, un principio d'esperienza. Quindi è che sapio, ai Latini, valeva in traslato sentir rettamente; e quindi il senso dell'italiano sapere, che da sé vale dottrina retta, e il prevalere della sapienza sopra la scienza" (Tommaseo)

Sono sapori pieni di saperi...

TARTARE DI BRANZINO E AVOCADO

Ingredienti per 4 persone:

1 Kg di Branzino
2 Avocadi

1/2 limone
Insalata
Olio Extravergine d'oliva
Sale e Pepe

Preparazione:

Sfilettate il branzino e tagliarlo a piccoli quadrati di circa mezzo centimetro per la tartare.

Sbucciate entrambe gli avocado, togliere il nocciolo e la parte più interna, che rimane leggermente più dura.

Frullate uno dei due Avocadi con un minipiner aggiungendo a filo un po' d'olio extravergine d'oliva, fino a ricaverne una salsa abbastanza densa.

Tagliate il secondo avocado in piccoli quadrati, della stessa grandezza di quelli realizzati con I filetti di Branzino. Spremete mezzo limone e aggiungete il succo alla tartare di avocado.

Unite l'avocado e il branzino, aggiustate con sale e pepe e lasciate riposare in frigo per 10 minuti.

Al momento di servire, impiattare servendovi di un coppapasta rotondo e alto, dalla base con la salsa di avocado e continuando con la tartare.

Accompagnate con della insalata verde e un filo d'olio Extravergine d'oliva.

Da abbinare con:

Wayan (voto 9/10)

Volume alcolico 5,8%

Saison. Dorata e opalescente per I lieviti in sospensione, con una schiuma bianchissima e fine.

Ancora vincente l'odore caramellato e di frutta matura, abbinato allo speziato e sentore floreale.

Abbinamento di leggerezza, non sovrasta mai il piatto.

Isaac (voto 8,5/10)

Volume alcolico 5,0%

Blanche. Colore albicocca paglierino chiaro e velato.

Il profumo più citrico che con l'antipasto si legava perfettamente con il sentore di liquirizia, eccede qui dove il limone usato solo per non far rimanere vivace l'avocado.

Non si ritrovano molte spezie nel piatto, quindi prevale l'agrume.

Mama Kriek (voto 9/10)

Volume alcolico 5,8%

È una birra ispirata alle classiche Kriek. Colore rosa antico, tendente al color ciliegia, schiuma bianca e ricca.

Intrigante connubio di odori tra le ciliegie e l'avocado.

Non è una classica Kriek, non è acida come le Kriek belghe, si fa bere anche da chi non ha mai assaggiato una Kriek. Se con l'antipasto le ciliegie faticavano a venire fuori, qui si esaltano con l'avocado.

Il nostro abbinamento preferito:

Mama Kriek e Wayan

87.000 risultati, tra ricette, abbinamenti, succhi di frutta, dalla ricerca effettuata su Google inserendo le parole "ciliegie avocado", post cena ci confermano quanto sentito durante la degustazione.

Un connubio, tra la MamaKriek e la tartare, che si è rivelato vincente all'unanimità, giocando su un intrigante matrimonio.

Nel complesso della serata la Wayan è quella che ha rispettato di più le aspettativa comunque dando decisamente soddisfazione con entrambe i piatti.

I CONSIGLI DEL BIRRAIO

L'abbinamento più famoso, che ci ha dato lo spunto della possibilità di affiancare la birra ad alcune materie prime o ricette "crude", è il tradizionale anglosassone ostriche con la birra scura: abbinamento che, a detta di molti, fu inventato dallo scrittore e politico inglese Benjamin Disraeli nel XIX secolo.

L'abbinamento classico delle ostriche è lo champagne, al quale si accompagnano in modo sublime, ma con la birra si può realizzare un abbinamento altrettanto raffinato.

In Irlanda è un piatto tipico, Guinness e ostriche.

Versata ad innaffiare le ostriche, esattamente nel momento di mangiarle.

Esiste una tipologia di birre, le Oyster Stout, realizzate con l'impiego di ostriche, utilizzate in grande quantità durante la bollitura, per regalare alla birra aromi e profumi davvero unici.

Ci sono tracce dell'abbinamento tra birra Stout e ostriche fin dal 1800. Nel 1929 ci fu il primo utilizzo delle ostriche nella produzione di birra, dapprima in Nuova Zelanda, poi imitato anche a Londra.

Oggi il termine Oyster Stout indica sia una Stout fermentata con le ostriche nei tini, o una bevanda, tipicamente una Stout che ben si accompagna ad un piatto di questi molluschi.

R REINHFITSGEBOT
Münchner Bier
525 JAHRE
De Glazen Toren
Brouwerij
9420 Erpe-Mere
Belgium
BRASSERIE D'ACH
Corsendonk
Agnus

Preparazione:

Prima di poter apprezzare questi molluschi bisogna imparare ad aprirle se volte gustarle a casa, non spazientitevi perché è necessaria un po' di pratica.

Prima di tutto è necessario un coltello da ostriche, o se lo avete un coltello da parmigiano, lama corta, appuntita e molto robusta.

Avvolgete l'ostrica in un panno spesso, anche per proteggere le mani nel caso dovesse sfuggirvi il coltello.

Il mollusco deve essere impugnato con la parte a punta rivolta verso il polso e la parte convessa deve poggiare sul palmo della mano.

Inserite la punta della lama del coltello tra le due valve da dietro, affondate per un paio di centimetri circa e ruotare leggermente per staccare le valve. Fate scorrere la lama all'interno dell'ostrica fino a trovare il muscolo che ritiene le due valve, recidetelo e continuate a far girare il coltello lungo il perimetro del guscio. A questo punto l'ostrica può essere aperta, usando però molta accortezza.

Eliminate l'acqua che si trova all'interno, adagiate i molluschi su un piatto con del ghiaccio, servitele e mangiatele bagnate con la Stout.

Da abbinare con:

Russian Imperial Stout
Volume alcolico 9,5%
Imperiosa!

Nera impenetrabile, schiuma beige-marrone, pannosa.

E' un Imperial Russian Stout, forte, estrema, dal carattere britannico con accenni di caffè tostato amaro, cioccolato.

Il profumo è di caffè, con delicate note di cacao e anche un originale profumo luppolato. In bocca è calda, avvolgente.

L'immagine della birra a tavola, soprattutto in Italia, è spesso accostata alla pizza, un connubio rassicurante e sicuro. In realtà vi accompagneremo a scoprire una bevanda estremamente versatile che va d'accordo con la maggior parte dei cibi che consumiamo quotidianamente.

E il consiglio principale è quello di sperimentare voi stessi gli accostamenti che meglio valorizzano i diversi alimenti e piatti della cucina tradizionale, regionale o innovativa.

Con le **Lager** si abbinano bene prosciutto crudo, maionese, uova e gamberi; le insalate vanno accompagnate con **Lager** leggerissime.

Le **Lager** leggere si abbinano molto bene ai pesci crudi dai sapori più netti, ma non troppo grassi, come le tartare di tonno e di pesce spada, e accompagnati da un'insalata di lattuga.

Una fresca bière **Blanche** può essere un ottimo accompagnamento per i carpacci di pesce bianco (come la spigola, l'orata e la ricciola), o per dei crostacei crudi conditi con solo un filo d'olio.

Una **Weizen** si sposa perfettamente con pesci molto grassi come il salmone.

Il finale leggermente amarognolo delle **Pils** lancia l'abbinamento di questa birra, da accostare con un carpaccio di manzo.

Se però siete vegetariani, o comunque non amate le carni e i pesci non cucinati, consigliamo di gustare questa birra con tutti i piatti a base di verdure crude e croccanti: ad esempio, con un'insalatina di carciofi crudi tagliati finemente e conditi con un ottimo pinzimonio di verdure.

Bock e **doppio malto** formano un buon connubio con affettati e insaccati.
Nella tradizione anglosassone le ostriche si accompagnano abitualmente alle birre scure con retrogusto amaro, come le **Imperial Stout**.
Stout che non stonano anche con fasolari e tartufi di mare.

Frutti di mare freschissimi aperti e adagiati su un letto di ghiaccio e alghe, con una **Old Ale** non fanno rimpiangere lo Champagne.

Gherigli di noci, mela verde, uvetta, pinoli e scorze d'arancio, su un'insalata di indivia belga, olio extravergine d'oliva e un filo di aceto balsamico tradizionale, con il carattere di una **Red Ale**, in piena armonia con i sentori di frutta secca.

Il capitolo birra e formaggi è molto complesso, come lo è l'abbinamento degli stessi con il vino, perché è alta la complessità e la varietà dei sapori creati dalle fermentazioni che avvengono durante la stagionatura dei formaggi.

Sui formaggi, alcune birre si esaltano addirittura:

Mozzarella e **Lager** binomio perfetto, **Weizen** per affrontare la grassezza di una burrata di Andria o una ricotta di bufala.

Le **Doppelbock** con brie e italiani di media stagionatura, dal sapore intenso e piacevolmente piccanti.

Una **Ale** con il Parmigiano Reggiano.

Le **Trappiste** con formaggi piccanti o maturi pecorini di fossa, ma con gorgonzola e gli erborinati più classici potrete sfoderare le possenti, avvolgenti **Barley wine** o **Malt liquor**.

Anche se difficile da credere, quello tra birra e dessert è un matrimonio possibile. Una vera scoperta per chi ama sperimentare in cucina, come ad esempio il tiramisù con una **Imperial Stout**, che può essere aggiunta, anche in fase di preparazione, al caffè per un dolce dal sapore ancor più intenso e avvolgente.

Un **Lambic**, è un mondo a parte, ma per chi vuole iniziare a conoscerlo si può accompagnare un dolce alla frutta.

GLI ALTRI ABBINAMENTI

CARPACCIO DI GAMBERI CON POMODORI VERDI E LIME, CREMA DI CAPRINO, MELA

Ingredienti per 4 persone:

800 gr di gamberi rossi
1 mela verde
2 pomodori verdi
1 dl di olio extravergine di oliva
sale e pepe
prezzemolo
1 lime
120 gr di caprino
50 gr di latte

Metti una sera alle cucine del Gambero Rosso al corso di Carpacci e Tartare di pesce.

Una delle prime regole proprio di quel corso era quella di utilizzare materie prime di stagione e il pescato del giorno.

Se una sera avete la necessità di scaricare la tensione della giornata lavorativa questa ricetta è perfetta. Prendete un batticarne e sfogatevi, non troppo forte altrimenti i gamberi si rovinano.

Sgusciate i gamberi e tagliateli a metà per il lungo eliminando il filettino nero; con l'aiuto di un foglio di carta oleata schiacciateli molto delicatamente fino a ricavarne il carpaccio.

Formate una brunoise di mela e petali di pomodoro, conditela con il succo e la buccia a julienne del lime, sale, olio e prezzemolo.

Stemperate il caprino con il latte e con una frusta ricavate una crema e conditela con un po' di pepe.

Da abbinare con:

Panada (voto 9/10)
Volume alcolico 4,7%

Birra in stile Blanche belga, del birrificio piemontese Troll.

Giallo paglierino velato con riflessi verdi, stupendi per questo piatto in verde, leggermente torbida.

Note agrumate, colpiscono sin da subito e ne caratterizzano la freschezza.

In bocca è citrica, si notano la speziatura con coriandolo, scorza d'arancia amara e zenzero, benissimo con il caprino fresco.

Friska (voto 8/10)
Volume alcolico 5,0%

bière Blanche dal birrificio sardo Barley.

Colore giallo oro carico.

Olfatto agrumato e speziato, arricchito da sentori di frutta esotica, ricorda l'odore di zolfo che rimane nelle cantine dopo la vendemmia.

Friska ovvero Fresca all'olfatto al gusto, in bocca è agrumata, leggera speziatura e un corpo medio con un buon amaro.

Farrotta (voto 9/10)
Volume alcolico 6,2%

Ale chiara di farro dell'abruzzese Almond.

Colore ambrato;

Aroma fresco di coriandolo, agrumi e fiori bianchi, miele e banana.

Retrogusto di farro persistente ma non eccessivo, rimane fresca con lievi note erbacee che la rendono una ottima compagna per i gamberi e la crema di caprino, un po' meno quando si inserisce la nota agrumata della marinata di mele e pomodori.

Il nostro abbinamento preferito

Panada

Tre elementi su tutti: freschezza, scorza d'arancia e colore giallo con sfumature sul verde che ricorda i pomodori verdi e la mela verde.

Si accompagna benissimo con la marinatura dei pomodori e mela verde, senza peraltro oscurare la delicatezza dei gamberi rossi, delicatissimi. Benissimo con il caprino, pulisce la bocca con la secchezza adeguata in contrasto con il vellutato di questa mousse.

Postilla

All'unanimità giudicato l'accoppiamento perfetto, non dispiace anche la Farrotta magari con una marinatura meno forte.

TARTARE DI RICCIOLA E MELONE INVERNALE, CON FINOCCHI E DRESSING DI PEPERONE GIALLO

Ingredienti per 4 persone:

2 tranci di ricciola da 400 gr
1/2 melone giallo
80 gr di finocchio
1 peperone giallo
2 dl di olio extra vergine d'oliva
il ciuffo del finocchio
1 arancia
sale e pepe

Preparate una tartare di melone e ricciola, condirla con l'erba del finocchio, olio e succo d'arancia;
Frullate il peperone spellato con l'olio, sale e pepe fino ad ottenere un dressing.
Condite il finocchio a julienne con la salsa e completare la tartare.

Da abbinare con:

Blanche de Namur (voto 8/10)
Volume alcolico 4,5%
Birra belga prodotta dalla Brasserie Du Bocq.
Colore dorato arancio, leggermente torbida.
Profumo di arancio amaro e spezie, che d'altra parte sono usate nella preparazione. Una nota di freschezza.
In bocca il corpo delicato, liscia e dissetante, bevuta come primo abbinamento rivela una perfetta assonanza con il piatto anch'esso estremamente delicato. Non rimane amaro nel finale. Abbinamento classico se non si vuole osare.

Latte più (voto 9/10)
Volume alcolico 4,8%
Blanche del birrificio emiliano Retorto, ispirata alle Blanche belghe.
Colore dorato con punte d'arancio, limpida e carbonata.
Al naso regala note speziate, leggermente aranciate, e profumo di prezzemolo.
Al gusto un amaro delicato, meno pastosa, leggermente più carbonata. Si assomigliano molto, la Blanche di Namur e la Latte più, ma quest'ultima ha un po' più di carattere rispetto alla sua compagna belga.

Jadis (voto 8,5/10)
Volume alcolico 6,5%
Blanchem, con l'utilizzo di mosto di uva Fortana, del birrificio di Parma Toccalmatto.
Colore arancio dorato intenso;

Una Blanche diversa, con l'aggiunta di mosto d'uva, presenta un naso ricco di profumi speziati e gli aromi di uva e frutti rossi. Intrigante.

Già il colore è molto particolare, il sapore è avvolgente, morbido, dopo una prima sensazione di diffidenza per paura di una forzatura sul piatto, ci lasciamo andare al suo fascino, e la apprezziamo fino in fondo.

Il nostro abbinamento preferito

Latte Più

Blanche perfetta, l'amaro leggermente più pronunciato tira una sorsata dietro l'altra.

Rimane nel cuore la Jadis, da riprovare in abbinamento anche con uno strolghino di culatello, abbinamento di territorio, come proposto dal produttore.

Classico e senza sussulti l'abbinamento invece con la Blanche de Namur, ci soddisfa, ma non entusiasma alla lunga.

TARTARE DI PESCE SPADA, MANGO E OLIVE

Ingredienti per 4 persone:

500 gr di pesce spada 500g
1 mango
100 gr di olive nere taggiasche
3 foglie di basilico
1 lime
sale e pepe
pepe rosa
zenzero

Private il pesce della pelle e preparate una tartare. Sbucciate il mango, tagliatelo a dadini e mescolateli al pesce. Aggiungete le olive tritate e denocciolate, il basilico spezzettato a mano.

In una ciotola, emulsionate il succo del lime con un cucchiaio di olio, lo zenzero, sale e pepe, versate sul pesce e mescolate.

Fate marinare in frigo per mezz'ora..

Zenzero grattugiato fresco, sentitene l'odore e comincerete ad utilizzarlo dappertutto.

Da abbinare con:

Dau Saison (voto 9/10)
Volume alcolico 3,9%
Birra italiana del birrificio piemontese Troll.
Colore oro lucente, con riflessi spiccatamente aranciati.
Al naso si sente una freschezza di arancio e agrumi.
In bocca il forte profumo di agrumi, arancio in particolare e di zenzero nella leggerezza della birra, molto beverina, non sovrasta il piatto anzi lo accompagna perfettamente sullo stesso livello di gradevolezza con lo speziato di pepe anche presente nella ricetta.

4punto7 (voto 9/10)
Volume alcolico 4,7%
Golden Ale del produttore abruzzese OpperBacco.
Colore giallo carico.
Olfatto ricco di sensazioni di frutta tropicale, ananas e mango, di pesca, insieme a sensazioni di agrumi. Il profumo che sprigiona e il profumo del mango maturo della tartare preannunciano un matrimonio d'amore indissolubile.
Carbonata e rotonda nonostante la bassa gradazione, ma molto beverina, ad ogni assaggio una sensazione di piacere diversa.

Brooklyn Lager (voto 8/10)
Volume alcolico 5,2%
Lager di Garrett Oliver dalla Birreria Brooklyn di New York
Colore ambra brillante;
Sentore di malto, resina e agrume amaro, decisamente più forte delle prime due, una birra di struttura.
Anche al sapore è secca e l'amaro nel finale si fa sentire più delle

altre. Un aroma più deciso. Meno frizzante, il gusto è ricco e bilanciato, da riprovare con affettati grassi ma non speziati o formaggi freschi.

Postilla

Provate in abbinamento anche una Blanche Belga come la Blanche de Namur, dai sentori speziati e fruttati dati dall'uso di coriandolo e curacao, è un abbinamento più classico rispetto alla Broklyn Lager con la quale noi abbiamo voluto giocare.

Il nostro abbinamento preferito

4 punto 7

Seppur la Dau della Troll risulta in perfetta armonia con il piatto nella sua interezza, ogni boccone e ogni sorso si susseguono perfettamente, ci siamo esaltati nel sentire il profumo del mango nella sua assoluta essenza con il profumo della 4punto7 di OpperBacco.

Un rapporto di uguaglianza tra profumi, il mango che si sprigiona dalla 4punto7 capace di esprimersi con profumo intenso ci conquista.

Matrimonio all'italiana.

TARTARE DI TONNO AI CARCIOFI E HAMBURGER DI PESCE

INGREDIENTI PER 4 PERSONE

160 gr di filetto di cernia
200 gr di tonno
1 carciofo romanesco
olio extravergine d'oliva
sale e pepe
Basilico e 1 limone
30 gr di lardo
1/2 zucchina romanesca
1 pomodoro rosso

Preparare la tartare con il tonno ed una julienne di carciofi, condire il pesce con sale, pepe, olio e limone e lasciare insaporire. Tritare la cernia, condirla con il lardo e la zucchina a cubetti piccoli, olio e sale e formare dei piccoli hamburger che saranno cotti in padella antiaderente.

Unite metà dei carciofi al pesce e profumare con basilico, servire con coulis di pomodoro, l'hamburger caldo ed il resto dei carciofi.

Da abbinare con:

Hefe Weizen (voto 9/10)

Volume alcolico 5,4%

Weizen della tedesca Rothaus.

Dorata, velata e opalescente per i lieviti in sospensione.

Odore di frumento esaltato da frutta matura banana e ananas, pane. Delizioso.

Fresca, una delle migliori Weizen bevute finora. Al gusto il sapore è pieno, fruttato, leggermente acidula. Buon finale amaro ma non eccessivo.

CarcioWeiss (voto 8,5/10)

Volume alcolico 5,0%

Weiss del Birrificio Turbacci con l'aggiunta di carciofi romaneschi.

Dorata, velato, schiuma molto persistente.

Il profumo di frumento è accompagnato da quello dei carciofi.

Gusto fresco, particolarmente indovinato il connubio con i carciofi che danno un tocco di amaro sul finale più deciso, che ben si accompagna con il piatto nella sua completezza.

La 68 (voto 7/10)

Volume alcolico 5,0%

Birra in stile Blanche del birrificio MATH.

Colore giallo paglierino leggermente torbida, la schiuma molto abbondante e persistente di colore bianco.

Anche qui il frumento è predominante, questa volta accompagnato da arancia (agrumi) e sentori di lievito.

Blanche amara per l'impronta che ne da' il birraio, arancia e spezie.

Bene, molto bene con la tartare di tonno, marinata con limone, meno con il piatto nel suo insieme, rispetto alle altre.

Il nostro abbinamento preferito:

Rothaus Hefe Weizen

Weisse fine e gustosa, perfetta, non amara, non eccede, equilibrata.
Ci piace anche l'etichetta retro, che rappresenta una visione
collettiva della Germania.
Fortunati di averla trovata, almeno così ci dice il nostro amico al
beershop, perchè è una birra che non si trova tutto l'anno.
E' poi questo quello che ci piace delle birre e del cibo non
industrializzato.

SGOMBRO MARINATO AL MELOGRANO

INGREDIENTI PER 4 PERSONE

12 sgombri a filetti
2 melograni
Olio Extra vergine d'Oliva
Sale
Pepe

Spremere il succo di un melograno e lasciare marinare I filetti per 10 minuti.

Sgranare un altro melograno e tenere da parte per l'impiattamento.

Disporre i filetti nel piatto condire con sale, pepe e un filo d'olio.

Aggiungere il melograno.

Postilla

Un abbinamento con un pesce che forse in pochi propongono come crudità, perchè è un pesce che costa poco, lo sgombro è il Crudo più buono, il pesce azzurro è il più buono che abbiamo nella nostra cucina, ha un sapore speciale, unico al mondo, il sapore del Mar Mediterraneo.

Da abbinare con:

La VuDù

Volume alcolico 6%

Weizen scura del Birrificio Italiano.

Apre bene anche con lo sgombro, accompagna perfettamente con la sua armonia un piatto che è ben riuscito con il melograno che smorza leggermente la sapidità del pesce.

La Folie a Deux

Volume alcolico 6%

Blanche con fragole, nata dalla collaborazione tra Montegioco e Toccalmatto.

La **Folie à Deux** è una rara sindrome psichiatrica in cui un sintomo di psicosi (in particolare una convinzione paranoide o delirante), viene trasmessa da un individuo ad un altro in una relazione di stretto contatto. Ha il gusto tipico delle Blanche ma subito viene sommerso da quello delle fragole. Emerge e si fa apprezzare fino all'ultima bevuta. Contagiosa come la sindrome.

La Marsilia

Volume alcolico 6%

Golden Ale di Birra del Buttero aromatizzata al sale marino e alghe.

Il nome ricorda Margherita Marsili, meglio nota come la bella Marsilia, la graziosa fanciulla che rapita il 23 Aprile 1543 sui monti dell'Uccellina dai pirati Turchi e venduta come schiava, finì nell'harem del sultano di Costantinopoli, diventando ben presto la sua favorita ed infine la sua sultana.

Spaventerà i meno avvezzi e i sostenitori del decreto di purezza promulgato da Guglielmo IV di Baviera nel 1516 sulla produzione della Birra, ma la sensazione è di una birra estremamente leggera, fresca, dal sapore leggermente salino sul finale, che si sposa sapidamente bene con questo piatto. Ricorda il mare e si richiamano a vicenda nella degustazione.

Il nostro abbinamento preferito:

Folie a Deux

Fosse stata da sola la Vudù, nessuno avrebbe detto che non meritasse l'abbinamento, ma la Folie a Deux per la sua vivacità e freschezza, e la Marsilia per la sua sapidità in complicità con il crudo lasciano un ricordo divertente della serata.

TONNO E CIOCCOLATO

La Tartare di Tonno secondo Domenica Vagnarelli, ristorante Il Mediterraneo di Alba Adriatica

Ingredienti per 4 persone:

300 gr di tonno fresco
Capperi pugliesi
Cipolla di Tropea
Cioccolato 80%
Olio
Salsa di prezzemolo

Tagliare a cubetti il tonno, aggiungere i capperi dissalati e poco olio…
Riempire uno stampo d'acciaio ed appoggiarlo al centro del piatto
Sfilare il cerchio, appoggiare delle rondelle sottili di cipolla di Tropea, della scaglie di cioccolato ed un filo di olio al prezzemolo emulsionato.

Postilla

Chi non conosce l'irresistibile personaggio, parodia del sommelier, interpretato da Antonio Albanese, che dopo avere fatto roteare, ossigenare e sentito più volte l'odore del calice di vino che ha in mano dichiara: 'E' rosso!!'?
E' un geniale tocco di leggerezza per un ambiente, quello dei sommelier, che nell'immaginario comune è seriosamente impostato e tende spesso a sopravvalutarsi.

Ospite questa sera a cena un Sommelier dell'AIS, esperto e appassionato di birre, preparo e assaggio la tartare di tonno e capperi con scrupolosa attenzione, è un gioco di equilibri, tra la salinità dei capperi, il sale e la cipolla che taglio finemente per aggiungerne solo 2 fettine per piatto alla fine, per non invadere e sovrastare i sapori; infine i riccioli di cioccolato, un toscano black di Amedei.

Da abbinare con:

O.G. 1048 (voto 8,5/10)

Volume alcolico 4,9%

Brown Ale del birrificio Carrobiolo.

Color rosso ramato. Odore di malto tostato e caramello.

Brown Ale, bruna con riflessi ambrati, chissà perché ci si aspetta un corpo forte, invece è leggera, rotonda e beverina, si accompagna benissimo sia con la ricotta e liquirizia, scivola via e ripulisce, lasciando una bella scia di sensazioni maltate e delicatamente luppolate, sia con la tartare di tonno.

B Space Invader (voto 9/10)

Volume alcolico 6,3%

Black IPA di Toccalmatto.

Colore Nero inchiostro, schiuma color nocciola, fitta e persistente.

Il profumo è fruttato e agrumato, note che prevalgono piacevolmente sul caffè e cioccolato.

Gusto fresco, corpo e carbonatura sono medi, si spinge verso una Stout, ma le note di caffè e di cioccolato, tipiche di questo stile, non prevalgono mai, anche se quel poco, si sposa perfettamente con il cioccolato presente nel piatto.

Botte Antica (voto 6/10)

Volume alcolico 7%

Birra vinosa, affinata in botte (Wintage).

Colore ambrato.

Leggermente acida, vinosa. Carbonatura quasi assente.

Non riusciamo a decifrarla, sembra un Lambic, nel profumo, ma senza l'acidità in bocca, ammorbidita dalle castagne descritte in etichetta.. non ci ha convinto molto.

Post degustazione abbiamo sentito il produttore, che ci dice che Botte Antica in questo momento è in stand by poiché il primo lotto non l'ha del tutto soddisfatto e quindi ci stanno rimettendo le mani.

Da riprovare...

Il nostro abbinamenti preferito:

B Space Invader

Si autodefinisce in etichetta "intergalactic black cascadian incredible pale ale", citando anche il film Blade Runner ("e ho visto i raggi B balenare nel buio vicino alle porte di Tannhäuser").

Un nome che richiama un'altra leggenda, il mitico videogioco arcade Space Invaders.

Profumata e facile da bere. Si ritrovano, nei profumi e nel gusto, sentori

di cacao e liquirizia che la fanno preferire alle altre.

Leggere le recensioni del nostro amico sommelier AIS significa leggere di birre e di film, motivo per cui quando ho visto al Beer shop la B Space Invader,

non ho potuto resistere e alla fine ci ha dato ragione.

FRUMAGE BALADIN CON MOSTARDE DI POMODORI VERDI E PERE IN ROSA

Giugno 2012, apre a Roma Eataly, è il più grande dei 19 Eataly del mondo, più di quello di New York, facendo fare a Roma ancora un passo in avanti verso la valorizzazione dei cibi gourmet, bio, ma soprattutto italiani, dopo l'avvento della Città del Gusto, o l'esplosione di afflusso ad eventi culinari in posti sacri come l'Auditorium e mercati dei contadini ormai ogni settimana al Circo Massimo.

E' vero che Roma è generosa e più di tutte le altre città al mondo si può permettere di regalare location con una storia millenaria, come piatto di portata per una presentazione meravigliosa del cibo.

Eataly, da poco aperto a Roma nell'impressionante struttura dell'ex Air Terminal Ostiense, è un posto che contribuisce a promuovere definitivamente la birra nell'Olimpo delle eccellenze enogastronomiche, sfruttando alcuni punti di forza unici di questa bevanda, la versatilità del suo utilizzo nei prodotti che non t'aspetti: bagnoschiuma, gel, deodoranti per l'ambiente...

Dall'unione di due eccellenze radicate nel territorio piemontese, le Fattorie Fiandino e il Birrificio Baladin, nasce un formaggio dal delicato aroma con sensori di birra e spiccato retrogusto di malti d'orzo tostati.

La crosta ricoperta di malti d'orzo e birra, non solo è commestibile, ma regala piacevolissimi retrogusti di biscotto, caramello e cacao.

Mostarda biologica di pomodori verdi.

Salsa Pere in rosa, con mele cotogne, mirtilli, lamponi e mandorle.

Da abbinare con:

Cassia (voto 7,5/10)
Volume alcolico 5,5%
Novità del birrificio Itineris, in stile American Pale Ale.
Ambrato intenso. Ampio cappello chiaro di schiuma con una buona ritenzione.
Al naso sentore agrume e resina, ribes nero e frutti di bosco.
In bocca è asciutta con una carbonatura leggera, un tocco mielato amaro medio leggero caramello buona secchezza.

Duchessa (voto 8/10)
Volume alcolico 5,8%
Saison italiana del produttore Birra del Borgo.
Colore giallo carico.
Olfatto ricco di sensazioni di frutta tropicale, banana, leggermente acidula, con un tocco speziato e pepato.
Leggera carbonatura, con un corpo adeguato e una luppolatura moderata, per niente amara nel finale anzi piacevolmente fresco, dà il meglio di sè con questo formaggio quando accompagnato con la salsa ai pomodori verdi.

BiBock (voto 9/10)

Volume alcolico 6,2%

Birrificio Italiano, ispirata alle "Bock" della tradizione tedesca.

Colore ambrato;

Sentore di arancio e chinotto, molto profumata e rotonda.s

La prima sensazione è una indissolubile e perfetta unione tra dolce/amaro, pastosa con retrogusto amaro; odore e aroma di frutta, e di lievito fresco

Bene sia con il formaggio in assoluto, che accompagnato dalle due mostarde, si esalta nell'abbinamento con la salsa alle pere.

Postilla

Sarebbe troppo facile l'abbinamento con le birre Baladin, la Super con la quale il formaggio è stato creato o la Nazionale, Strong Ale ultima nata, proposta in abbinamento proprio da Baladin con questo formaggio.

Il nostro abbinamenti preferito

BiBock

Bock, in tedesco indica genericamente il maschio delle capre ovvero in italiano "Caprone" o "Becco".

In realtà l'origine della parola viene dalla deformazione da parte dei birrai bavaresi, del nome della città di origine di questo tipo di birra e cioè Einbeck (Bassa Sassonia). Di certo c'è che l'idea di potenza e di selvaticità dell'animale, calzano abbastanza bene con questa birra forte.

In etichetta è riportata la scritta "La prepotenza", e prepotentemente una bevuta dopo l'altra conquista l'oro degli abbinamenti con il frumage Baladin e in generale da abbinare i formaggi di mucca o pecora a media stagionatura.

Postilla

Decisamente diverso il sapore della Itineris Cassia assaggiata con un caprino fresco, ottima compagna di beva in questo caso.

SCRIGNO DI SEDANO RAPA, CARPACCIO DI MANZO PROFUMATO AL TARTUFO

Ingredienti per 4 persone:

400 gr di filetto di manzo
4 fette di sedano rapa
2 tartufi neri estivi
limone
Olio extra vergine d'oliva
sale e pepe

Sbucciate il sedano rapa con un pelapatate o con un coltello. Tagliatene 4 fette dello spessore di mezzo centimetro l'una e successivamente una julienne. Condite la julienne con un'emulsione di sale, olio, limone e pepe.

Disponete un mucchietto di listarelle di sedano rapa al centro del piatto da portata e ricopritele con il carpaccio cercando di mantenere una forma circolare.

Condite con olio, sale e pepe la carne, qualche goccia di limone e una grattugiata di scorzone estivo...

Da abbinare con:

O.G. 1056 (voto 9/10)
Volume alcolico 5,3%
Pils a bassa fermentazione del Convento Carriobolo.
Colore giallo dorato opalescente;
Fieno e fiori di campo che accompagnano i toni agrumati e la marinatura del sedano rapa.
Secca e sapida al punto giusto, conferma le aspettative e mantiene le promesse si sposa alla perfezione, non sovrastando i sentori delicati dello scorzone.

Farrotta (voto 8/10)
Volume alcolico 5,7%
Ale chiara di farro biologico del produttore Almond.
Colore giallo oro, leggermente velata, con riflessi aranciati.
Miele, farro, leggero e piacevole agrumato che bilancia armoniosamente l'abboccato e i frutti gialli quale pesca e mango.
Sapore caratteristico, molta personalità per questa birra in cui farro biologico la fa da padrone, ma che sovrasta decisamente il piatto. Ci sta, ma poco dietro rispetto agli abbinamenti classici.

24K (voto 8,5/10)
Volume alcolico 4,6%
Golden Ale italiana prodotta con malti inglesi e luppoli tedeschi del birrificio Brewfist.
Colore dorato, leggermente velata.
Al naso si sente una nota erbacea.
Una carbonazione abbondante, il corpo è medio e ben accompagna con il retrogusto leggermente amaro l'abbinamento

con il carpaccio e soprattutto lo scorzone, dando spazio al sedano di sprigionare la sia freschezza. Ottima alternativa all'abbinamento classico di una Pils.

Il nostro abbinamento preferito

O.G. 1056

Oltre alla riuscita dell'abbinamento, ci piace raccontare la storia di un progetto di sette amici, provenienti da diverse esperienze, socio-educative, di associazionismo e anche della grande industria, con la passione per la birra artigianale di alta qualità, per la cura dei particolari, per la diffusione di una cultura del bere bene e consapevole; la storia dell'apertura di questo "Piccolo Opificio Brassicolo del Carrobiolo - Fermentum".

Un padre Barnabita è direttamente coinvolto nel progetto.

PANE ALLE NOCI, TOMA LANGAROLA DI BEPPINO OCCELLI, PERE, RUCOLA E GOCCE DI MIELE

Tagliate il formaggio e due pere abate, dolci e mature, a fettine sottili.

Il formaggio è una Tuma langarola di Beppino Occelli, è la tuma contadina della Langa dalla crosta bianca e liscia. Al latte vaccino viene aggiunto latte pregiato di pecora che le conferisce un aroma burroso e un sapore rotondo. Per il produttore si accompagna bene a vini rossi giovani ed è ottima a cubetti per arricchire fresche insalate estive o a fettine su crostoni di pane caldi. Provatela con le birre di questa degustazione.

Comprate un bel mazzetto di rughetta fresca, mi raccomando al mercato più vicino, non quella in busta al supermercato, ha tutto un altro sapore.

Prendete due fette di pane alle noci e un tostapane e il gioco è fatto.

Il nostro è del panificio Mosca a Roma, dove il signor Maurizio ogni mattina coordina una macchina da guerra del pane.

Ogni volta che vado a trovarlo, esco con buste di pane caldo e profumato, dalle ciabattine croccanti, ai panini di avena, alle pizzette rosse versione maxi, che bontà.

Adagiate le fette di Tuma sul pane appena tostato, in modo che si ammorbidiscano con il calore, le fette sottili di pera, qualche goccia di miele e infine la rughetta.

Chiudete e mangiate.

Da abbinare con:

3 Oude Geuze (voto 7,5/10)
Volume alcolico 5%
Il Lambic di Drie Fonteinen, lo champagne delle birre belghe.
Colore dorato con tendenze ambrate.
Profumo fruttato un bouquet allettante di albicocca, emerge anche una nota salmastra.
O la ami o la odi.
Resta in bocca il sentore di salmastro. Acetica. Ricorda l'albicocca, ha una ottima lunghezza. Molto particolare non sicuramente da primo approccio con le birre artigianali.

La Chouffe (voto 9/10)
Volume alcolico 8%
Belga della brasserie d'Achouffe.
Colore arancio-ambra dorato carico.
Al naso i sentori iniziali di lievito (crosta di pane e banana) lasciano lentamente posto a profumi speziati, di coriandolo e chiodo di garofano, e dolci di caramello.
Al palato il calore morbido e avvolgente mutuato dal notevole grado alcolico viene ottimamente bilanciato dall'amaro del luppolo e da una sensazione finale di frutta più acerba ed aspra.

Dubbel (voto 8/10)
Volume alcolico 6,5%
Birra trappista olandese ad alta fermentazione prodotta dalla Brouwerij De Koningshoeven.
Colore bruno con riflessi rubino, schiuma poco persistente;
Naso ricco di profumi intensi che ricordano l'esotico e spezie,

datteri e chiodi di garofano, insieme a mela cotta.

Il caramello, i sentori dolci del malto e note di confettura di ciliegie. Tutto questo con una nota di liquirizia nel finale e un ottima persistenza. Finale amaro di un certo spessore.

Il nostro abbinamento preferito

La Chouffe

Il grado alcolico, l'eccellente effervescenza, l'amaro modesto e i sentori di buccia di arancia si sposano perfettamente con questo panino gourmet, in piena armonia con le noci, l'amaro della rucola e la dolcezza delle pere.

CARPACCIO DI MANZO ALLE 7 SPEZIE, RICOTTA DI BUFALA ALL'ARANCIO, RUCOLA E OLIO EXTRAVERGINE

Il Carpaccio di Manzo deve essere di prima qualità.
E' un carpaccio di girello di manzo marinato alle 7 spezie:
sale, zucchero, agrumi, pepe bianco e nero, coriandolo, anice stellato, ginepro, semi di finocchio, peperoncino, timo , alloro, salvia.

Prendete un'arancia e grattatene la buccia, mantecate la ricotta di bufala con la buccia d'arancia fino ad amalgamarla in una crema spalmabile.
Aprite una ciabatta (magari leggermente scaldata in forno per renderla più croccante e far sì che i profumi della arancia con il calore si esaltino e la ricotta si sciolga leggermente).

Spalmate la crema di ricotta e arancia su entrambe le parti.
Adagiate il carpaccio di manzo, qualche foglia di rughetta e versate qualche goccia di olio extra vergine d'oliva.

Da abbinare con:

My Antonia
Volume alcolico 7,5%
E' una Imperial Pils della Birreria del Borgo.
Colore dorato scuro tendente all'arancio, la schiuma chiara bellissima rimane persistente a lungo.
Profumata, esplosiva, erbacea e leggermente fruttata, il naso preannuncia una grande bevuta.
In bocca così è, l'amaro e un corpo deciso, qualche spezia e pepe, sposano molto bene il carpaccio e la mantecatura d'arancia.
Grande birra, dissetante dopo la partita di calcetto, per chi ama una forte luppolatura dal finale molto amaro.
E nonostante la gradazione alcolica, si lascia bere con facilità.

QUENELLE DI CIAUSCOLO E CACHI AL PROFUMO DI ARANCIA E ANICE STELLATO

INGREDIENTI PER 4 PERSONE

200 gr di Ciauscolo di Visso
1 cachi
2 bacche di anice
1 arancia
sale
pepe

Eliminate la pelle del Ciauscolo e sbriciolatelo in un piccolo recipiente. Conditelo con l'anice stellato.

Sbucciate il cachi e tagliatelo a cubetti e marinate con scorza grattugiata di arancia e succo di arancia.

Unite al Ciauscolo mescolando molto delicatamente.

Il sapore "speziato" della carne di maiale marchigiana, il Ciauscolo di Visso, dal latino cibusculum, ossia «piccolo cibo» è ottimo come aperitivo insieme allo zucchero energetico e vitaminico della polpa cremosa del cachi, in una tartare finger, sorseggiando l'agrume e il coriandolo, prepotenti nella birra scelta..

Da abbinare con:

L'una
Volume alcolico 6,4%
Birra chiara, specialità del birrificio abruzzese OpperBacco.
Al naso è agrumata e speziata.
In bocca risulta molto bilanciata, giustamente luppolata, l'agrume la fa da padrone regalando un sapore che si accompagna benissimo a questo piatto rotondo per via del ciauscolo che ripulisce perfettamente e riprende deliziosamente le bucce di arancia usate nella marinatura.
L'anice stellato che profuma il piatto ricorda le spezie presenti nella birra.

SALAME DI FELINO E UVA

Ricerca estrema di ingredienti DOC per questo panino dal sapore emiliano.

Birra Toccalmatto (Fidenza), Double Blanche innovativa con mosto d'uva Fortana.

Nocchiarelle del panificio Mosca, croccanti, con pochissima mollica.

Salame di Felino tradizionale, salume prodotto in provincia di Parma e più precisamente nel piccolo comune di Felino. La caratteristica di questo salume è di essere prodotto con una bassa quantità di sale e con solo parti del prosciutto di Parma.

Uva fragola e Brie in questo caso della Tuscia.

Da abbinare con:

Stray Dog
Volume alcolico 4,2%
Double Blanche invernale e innovativa con mosto d'uva Fortana, di Toccalmatto.

Colore è ambrato intenso, con una schiuma interessante sia nel colore che nella persistenza.

Agrumi, erbe, ma anche note più dolci e fruttate con sentori di frutta tropicale e soprattutto uva.

In bocca l'amaro dura a lungo.

DEGUSTAZIONE A LA FILANDA

Il ristorante enoteca LA FILANDA si trova nelle antiche mura che in passato avevano ospitato un granaio e poi una produzione di filato, restaurato rispettando la struttura originale...
Protagonisti dei piatti, preparati tutti espressi a La Filanda, sono i prodotti tipici del territorio legati alla freschezza, alla stagione ed alla produzione biologica.
Le Ricette della Tradizione vengono rivisitate secondo un accostamento di sapori e colori prestando attenzione alle componenti della materia prima utilizzata e alla giusta cottura di ogni cibo allo scopo di rendere maggiormente leggero e digeribile ogni piatto.

CARPACCIO MARINATO ALLE ERBE AROMATICHE

Gian Paolo e Barbara, per questa degustazione, ci accolgono per farci gustare l'eccellenza della carne maremmana e un carpaccio di baccalà non stressato, come ci tiene a dire Barbara, in abbinamento a Birre artigianali italiane, in linea con la loro filosofia ferrea di valorizzazione del territorio.

Da abbinare con:

Morning Glory (voto 8,5/10)
Volume alcolico 5,6%

Birra ad alta fermentazione, American Pale Ale del birrificio Retorto.

Colore ambrato e schiuma abbastanza persistente .

Profumata con note agrumate da luppoli americani man mano che si riscalda viene fuori uno splendido profumo di passion fruit che ricorda a Barbara i mille sorbetti che prepara in cucina.

In bocca il corpo non è eccessivo, equilibrata tra la maltosità, il caramello e un leggero amaro delicato. Abbinamento piacevole.

Dazio (voto 9/10)

Volume alcolico 6,2%

Birra in stile inglese con luppoli americani di Ivan Borsato

Colore ambrato intenso e schiuma molto persistente, dal colore eccezionale, quasi crema.

Al naso regala profumi fruttati di albicocca e agrumi, con tendenza al dolce, melone giallo, banana.

In bocca è l'insieme dei profumi e la forte luppolatura a renderla allo stesso tempo amara, dolce, resinosa, estremamente interessante e perfetta nell'accompagnare questo manzo al pascolo, considerando anche la nota di balsamico presente.

Tibir (voto 9,5/10)

Volume alcolico 7,5%

Prodotta da Montegioco con aggiunta di mosto Timorasso.

Colore giallo oro e schiuma compatta persistente;

Al naso predominano i profumi vinosi, che preannunciano un grande abbinamento nella terra dei vini italiani per eccellenza.

Buona carbonatura che alleggerisce il grado alcolico, fa diventare molto beverina, nonostante un corpo consistente. Finale amaro dovuto ai tannini più che al luppolo, si sposa perfettamente.

Il nostro abbinamento preferito:

Tibir

Ovvero Timorasso-beer, birra all'uva, fruit beer, come vi piace di più.

L'etichetta presenta il tralcio, come una T di Timorasso, da cui pendono un grappolo d'uva e una grossa B (Birra, appunto), connubio in termini di aromaticità, originalità, e dolcezza di certe sensazioni, soprattutto finali dove l'amaro è diverso dall'amaro del luppolo, più rotondo.

BACCALA "MORRO"

C'è baccalà, e baccalà:

Il baccalà della pesca industriale, che di solito viene salato dopo essere stato congelato.

Gli islandesi, invece, lo pescano all'amo e lo salano fresco, proponendo di solito il pesce a pezzi con pinna e lisca.

Barbara ci porta a tavola orgogliosa questo piatto, ci tiene a dire che è il miglior merluzzo selvatico islandese, il "Morro" pescato all'amo, dalle carni più tenere perché il pesce non è stressato, nel profondo rispetto per il mare e per le sue risorse.

Da abbinare con:

La 5 (voto 8,5/10)
Volume alcolico 5,5%
Belgian Ale, di Olmaia.
Colore dorato leggermente torbida.
Profumo floreale, note di malto e frutta (pesca) e spezie. Bacia il profumo agrumato del piatto, al quale aggiungiamo a volontà e volentieri pepe di sezchuan e olio Leccino.
In bocca piacevolmente carbonata, si presenta amara, ben luppolata e leggermente agrumata, non sovrasta la delicatezza estrema quasi scioglievole di questo baccalà.

BK (voto 8/10)
Volume alcolico 6%
Stout, di Olmaia
Ebano con schiuma persistente color nocciola scura.
Al naso l'aroma del caffè tostato anche se è una stout poco invadente.
In bocca gusto leggero di liquerizia, e con un buon corpo, con il carpaccio di baccalà in purezza esprime il meglio dell'abbinamento, ma la predominanza dei sapori agrumati le fanno preferire la5.

Il nostro abbinamenti preferito:

La 5

Leggera, fresca e piacevole, delizia il palato ad ogni beva, ma forse anche l'attesa per i dolci di Barbara, passione e origine del nostro chef, alla quale sarò sempre grato per la sua ricetta del tortino al cioccolato, la fa preferire di poco alla Stout, se non altro per lasciarci l'ultima bevuta di quest'ultima con l'elogio al cioccolato fondente.

ELOGIO AL CIOCCOLATO FONDENTE

Flan di cioccolato caldo al 65%

Mousse con granella di nocciole, con cioccolato al 70%

Croccante con lenticchie soffiate, cioccolato al 75%

Da abbinare con la Stout di Olmaia

DEGUSTAZIONE A IL WINEBAR

Una parete di legno ed una di cielo,
Una terrazza, le luci di roma;
Mani capaci ed occhi esperti;
Odori, sapori, saperi;
Cibo, vino, cibo, vino, cibo;
Un sorriso per accoglierti, uno, lo stesso, per congedarti;

Per una serata speciale Andrea ed Ivan ci aprono le porte del WineBar con il sorriso di sempre, mani capaci per un cibo dagli odori e i sapori straordinari ma questa volta sarà:

Cibo, birra, cibo, birra, cibo;

TARTARE DI MANZO PROFUMATA ALLO ZENZERO

Dal mercato delle spezie di Zanzibar riportiamo a casa una primizia, un sacchettino di zenzero macinato, da regalare ad Andrea per questa ricetta dal profumo unico.

Battuto di manzo allo zenzero accompagnato da un castelmagno invecchiato e miele.

Un po' perché i nostri odierni commensali sono forchette intolleranti, un po' per la voglia e il gusto di assaggiare due bontà preparate da mani sapienti... scegliamo due piatti e 4 birre italiane.

Da abbinare con:

Tipopils (voto 9/10)

Volume alcolico 5,2%

La "Tipo" è una "pils", è la birra di punta del Birrificio Italiano.

Birra giallo paglierino appena velato.

Olfatto con forte sensazioni di frutta, erba fresca e vegetale.

In bocca leggera, in questo caso il punto di forza di questa birra, che accompagna questa fantastica tartare in purezza, profumata lievissimamente allo zenzero, la cui delicatezza non deve essere sovrastata.

Via Emilia (voto 8/10)

Volume alcolico 5,0%

Pils Primogenita del Birrificio del Ducato

Di colore dorata, velata, schiuma bianca e fine;

Delicati i profumi floreali ed erbacei, meno accesi rispetto alla Tipopils, dovuto forse al sentore più mielato.

In bocca si sente il carattere deciso della Pils ViaEmilia, che con un amaro più deciso, eccede la delicatezza della tartare, anche se si rifà appena si accompagna il boccone con il tocco di parmigiano stagionato che la accompagna.

Rurale (voto 7/10)

Volume alcolico 5,8%

Prodotta dal Birrificio Montegioco in stile American Pale.

Colore ambrato;

Il nostro ospite Andrea che ci accoglie alla Città del Gusto la battezza come vincitrice assoluta ancor prima di assaggiarla, con queste parole: "la tartare allo zenzero la conosco a memoria".

In bocca è equilibrata, il caramello è forte, quasi toffee, sentori sapidi e un deciso amaro finale che vira quasi alla liquirizia e punte calde pepate. Si aspettava un piatto più speziato allo zenzero.

Il nostro abbinamento preferito:

Tipopils

Due teneri amanti che non si sovrastano l'un l'altro e si fanno i complimenti a vicenda.

Castelmagno, miele e mandorle per un abbinamento più raffinato con Via Emilia e Rurale.

COFANETTO DI BURRATA DI ANDRIA E PANCETTA AFFUMICATA

Da abbinare con:

Vudù (voto 9/10)
Volume alcolico 5,5%
Birra ambrata in stile Weizen, del Birrificio Italiano.)
Colore marrone scuro con una fine schiuma beige.
Al naso leggero sentore di malto tostato e frutta.
In bocca ancora tostato, con finale leggermente amaro ma poco

acidulo, sentore di banana matura.

Proprio il tostato e la morbidezza di questa birra accompagnano alla perfezione la burrata avvolta nella pancetta croccante.

Tipopils (voto 8/10)

Volume alcolico 5,2%

La "Tipo" è una "pils", è la birra di punta del Birrificio Italiano.

Birra giallo paglierino appena velato.

Olfatto con forte sensazioni di frutta, erba fresca e vegetale.

Leggera carbonatura, molto beverina, in bocca leggera , accompagna il piatto con trasparenza.

Fresca, pulita, elegante, ma un piatto importante e affumicato e corposo come quello proposto in abbinamento pretende un partner più di spessore.

Via Emilia (voto 9/10)

Volume alcolico 5,0%

Pils primogenita del Birrificio del Ducato.

Di colore dorata, velata, schiuma bianca e fine;

Delicati i profumi floreali ed erbacei, meno accesi rispetto alla Tipopils, dovuto forse al sentore più mielato.

Un corpo maggiore rispetto alla TipoPils con un amaro più persistente alla fine, un carattere deciso che ne fanno un accompagnatore adeguato.

Il nostro abbinamento preferito:

Vudù

A differenza dell'abbinamento tra cibo e vino in cui spesso è vincente il gioco del contrasto di sapori, per la birra è più probabile un matrimonio con il piatto in degustazione dovuto all'assonanza e riconducibilità dei sapori e sentori nell'una e nell'altro. Ne è un esempio concreto questo abbinamento, dove tutti i commensali si trovano d'accordo nel giudicare perfetto l'accoppiamento con la Wùdù, leggiadro quello con la Tipopils e interessante con la ViaEmilia.

DEGUSTAZIONE A CIPRIA DI MARE

Il nome Cipria di Mare è stato scelto per la sua etimologia, che sta ad indicare quella similitudine con la bellezza ed il garbo della cipria che prende il suo nome dall'isola di Cipro ove nacque Venere.

Torno sempre con piacere in Abruzzo, una delle regioni dove la cucina ha un legame fortissimo con il territorio, motivo di valorizzazione che negli ultimi anni ha contribuito al successo di chef, viticoltori e aziende abruzzesi in Italia e nel mondo.

Degustazione d'eccezione, per le aspettative che ho su Alessandro e per la compagnia, in quanto commensale al Cipria di Mare è **Antonio Paolini**, critico enogastronomico aquilano, che si occupa e scrive di enogastronomia da quasi vent'anni.

Ci accompagnano anche Francesca e Stefano, sommelier Lei, ingegnere con la passione del buon vino Lui, compagni di viaggi e di degustazioni.

DIPLOMATICO DI SCAMPI

Alessandro De Antonis, chef e padrone di casa, ci accoglie stupendoci con questo Diplomatico di Scampi, un insieme di colori che strabilia e ci lascia veramente presagire una degustazione stellata.

Due Pan Brioche, il primo al centrifugato di rucola, il secondo alla rapa rossa e un cracker fanno da contraltare croccante alla delicatezza degli scampi, racchiudendo gli scampi in un italianissimo diplomatico tricolore.

La granitina di mele fa da cappello rinfrescante ad un piatto sontuoso.

Da abbinare con:

Isaac (voto 9/10)

Volume alcolico 4,8%

Birra bianca di Baladin.

Colore aranciato e schiuma di media persistenza.

Al naso si riconosce un bel fruttato e una spiccata nota agrumata e albicocca, una nota speziata, con un riconoscibile coriandolo.

Alla bocca è fresca, asciutta e dissetante, le sensazioni boccali esaltano la morbidezza e la dolcezza, la frizzantezza è delicata e piacevole.

Bianca piperita (voto 7/10)

Volume alcolico 4,2%

Birra abruzzese di Opperbacco in stile Blanche.

Colore giallo pallido e schiuma finemente persistente .

Al naso si sente la freschezza data dall'utilizzo della menta piperita e i sentori del miele, predominano sul coriandolo.

In bocca è ben bilanciata con le fresche note di menta, e arancia, che però rispetto al piatto risulta troppo astringente, chiude in modo netto il boccone e ripulisce in maniera eccessiva.

Iris 2006 (voto 9/10)

Volume alcolico 5%

Lambic del birrificio belga Cantillon.

Colore oro e schiuma compatta persistente;

Al naso è vibrante con una complessità ed una ampiezza senza uguali, si sentono resina, erbe aromatiche, roccia calda ed agrumi.

Acidità, palato secco, ma equilibrato tanto da richiamare inaspettatamente bevute successive. Finale lunghissimo. Birra non da neofita, ma da provare almeno una volta nella vita.

Il nostro abbinamento preferito:

Isaac - Iris

L'abbinamento di Scuola direbbe la Isaac.

L'abbinamento del cuore dice Iris.

Sono due birre completamente diverse, per cui è impossibile definire una classifica mettendole a confronto...

Il consiglio che vi posso dare è quello di divertirvi come abbiamo fatto noi oggi, con entrambe, in questo gioco che ha visto la Isaac accompagnare con discrezione il piatto in perfetto stile Blanche, mentre inizialmente la Iris sembrava togliere quella rotondità che è la caratteristica di questa crudità, rivelandosi in principio un po' sapida, salmastra e invadente.

Sorso dopo sorso la Iris torna e convince soprattutto con la maionese al Wasabi. Questione di carattere.

Curiosi della Rubus di Birra del Borgo la assaggiamo, in attesa del secondo piatto, con l'ultima porzione rimasta di scampi. Convince anche lei, il sentore dei lamponi che ben si sposa con i crostacei, ci introduce la prossima degustazione. Anche l'occhio vuole la sua parte e il colore rosato della Rubus fa il suo lavoro.

RISOTTO PARMIGIANO E CRUDO DI RICCIOLA

18 minuti.

E' il tempo che Alessandro ci chiede, durante la nostra degustazione del diplomatico, per la preparazione e la presentazione di questo secondo capolavoro, battuto di Ricciola esaltata da una base di risotto al parmigiano con polvere di capperi.

Non ce ne accorgiamo neanche, impegnati come siamo nei primi assaggi del diplomatico e nell'ascoltare i racconti di Antonio.

La cornice del piatto è realizzata con una salsa di olive taggiasche, e una salsa di cappero e prezzemolo.

I colori, il bianco del riso, il verde del prezzemolo e delle olive taggiasche richiamano quasi per patriottismo il rosso delle birre proposte per l'accompagnamento e i profumi di bosco, d'uva e ciliegie.

Da abbinare con:

Rubus (voto 9-/10)
Volume alcolico 5,8%
Spiced Ale di Birra del Borgo è la storia d'amore tutta in rosa tra i Lamponi e la Duchessa.
Colore rosa carico, leggermente velata; la schiuma fine e poco persistente.
Profumo di frutti di bosco, lamponi in primis, ricorda anche i

campi di lavanda.

In bocca è abbastanza esile e rivela una carbonatura vivace con una leggera acidità.

Il gusto è legato fortemente al lampone e alcune note speziate e floreali. Il primo impatto è molto piacevole, alla distanza il corpo forse troppo leggero le fa preferire le sue antagoniste.

Jadis (voto 9/10)

Volume alcolico 6,5%

Blanche del birrificio Toccalmatto di Parma

Colore arancio dorato intenso;

Una blanche diversa, con l'aggiunta di mosto d'uva, presenta un naso ricco di profumi speziati e gli aromi di uva e frutti rossi. Intrigante. Già il colore è molto particolare, il sapore è avvolgente, morbido, le note calde del vino avvolgono il piatto con sostanza. Quieta.

Oude Kriek (voto 9/10)

Volume alcolico 6%

Lambic Kriek prodotta dalla Brasserie 3 Fonteinen, in Belgio.

Colore rosso intenso; schiuma di colore rosa

Al naso la complessità del lambic e il profumo delle ciliegie.

Carbonatura finissima. Rispetto alla Oude Gueuze assaggiata qualche degustazione fa, la approcciamo con diffidenza in attesa di una forte nota acida, che invece viene accompagnata e lascia pian piano spazio al gusto fruttato dato dall'enorme quantità di ciliegie utilizzate in fase di maturazione.

Il nostro abbinamento preferito:

Jadis

Tre aggettivi per le tre birre di questa degustazione:

RUFFIANA la Rubus, definita anche Birra Fashion da Antonio, si fa apprezzare subito al primo sorso, essendo la prima in degustazione con il piatto. In questo caso l'ordine conta, infatti perde un po' di terreno quando si assaggiano le altre. Fosse stata da sola non ci sarebbe stato niente da dire;

CALDA la Jadis, complice il mosto di uva Fortana, è l'abbinamento di Scuola, apprezzata da tutti i commensali, dichiaratamente amanti del nettare di Bacco;

ESTREMA la 3 Fonteinen, abbinamento di gioco, abbinamento della passione, si fa apprezzare per la complessità dei profumi, per il colore rosso ciliegia e per la corposità, che sostiene bene questa crudità rinforzata da un riso aglio e olio. Original Kriek.

IL BICCHIERE DELLA STAFFA

Il bicchiere della staffa è il bicchiere che si beveva prima di congedarsi, quando si stava per salire a cavallo e si aveva già un piede sulla staffa.

Se avete avuto la pazienza di leggermi fin qui, spero di avervi trasmesso la mia passione per il buon cibo, le materie prime di qualità, il Km 0, e la consapevolezza che la birra di qualità possa essere una degna compagna dei vostri pasti, perché una buona birra come un buon vino trova la sua massima gratificazione con gli abbinamenti azzeccati.

ABBIAMO PARLATO DI... BIRRE

BLANCHE

Lemon Ale

Volume alcolico 5,5%

Birra italiana del birrificio KARMA (CE). Chiara di alta fermentazione a base di malto d'orzo e di segale, con una decisa speziatura di coriandolo e agrumi di Sorrento. Schiuma candida e persistente, aspetto velato tipico dello stile blanche belga (www.birrakarma.com/).

La Trappe Witte Trappist

Volume alcolico 5,5%

Birra olandese del Brewery Koningshoeven unica birra trappista blanche. E' una non filtrata e rifermentata in bottiglia. I suoi profumi delicati si sentono appena stappata, il limone spadroneggia anche se non è tra i suoi ingredienti in quanto l'unico agrume presente è l'arancia con le sue scorze (www.latrappe.nl).

Panada

Volume alcolico 4,7%

Birra in stile Blanche belga, leggermente torbida e dalla schiuma candida e persistente. Leggera, fresca e dissetante, dominata da aromi agrumati e dai morbidi sentori dei malti. L'utilizzo di grano saraceno le conferisce delicata dolcezza, mentre le spezie, su tutte il coriandolo, la rendono sensuale e intrigante. (http://www.birratroll.it).

Friska

Volume alcolico 5,0%

Bière Blanche? Una tradizionale specialità fiamminga a base di malto d'orzo e frumento non maltato, speziata con coriandolo e scorza di arancia amara. L'opalescente FRISKA, dal bel colore paglierino carico e dalla schiuma candida, è un'originale interpretazione del giovane birraio sardo Nicola Perra, che ha voluto personalizzarla con un corpo più strutturato ed importante. (http://www.barley.it)

Blanche de Namur

Volume alcolico 4,5%

La Blanche de Namur è una birra belga prodotta dalla Brasserie Du Bocq.

Molto fresca e dissetante è ideale d'estate. È prodotta con malto d'orzo e frumento crudo, i suoi sentori speziati e fruttati sono dati dall'uso di coriandolo e curacao in fase produttiva. La si può gustare 'alla tedesca' con una fetta di limone, per esaltare il suo bouquet agrumato (www.bocq.be).

Latte più

Volume alcolico 4,8%

Blanche del birrificio emiliano Retorto, ispirata alle Blanche belghe. Birra leggera ad alta fermentazione e' caratterizzata da una speziatura di coriandolo e buccia d'arancia, amaro molto delicato (www.retorto.it).

Ambrosia

Volume alcolico 4,5%

Birra Blanche Originale del birrificio Toccalmatto.

Rinfrescante e dissetante con raffinate note floreali. Nella fase finale dell'ebollizione vengono aggiunti fiori di Sambuco, Gelsomino ed Erica ed in prima fermentazione una piccola quantità di Miele di Tiglio (http://www.birratoccalmatto.it).

Seta

Volume alcolico 5%

Birra in stile Wit - Blanche, prodotta artigianalmente utilizzando acqua, malto d'orzo, grano tenero non maltato proveniente da agricoltura biologica, fiocchi d'avena, luppolo e lievito.

La leggera speziatura con coriandolo, buccia d'arancia dolce e amara la rende ottima come aperitivo fresco e dissetante. Accompagna bene

salumi e formaggi freschi, piatti a base di pesce, dolci o frutta.
(http://www.birrificiorurale.it)

Isaac

Volume alcolico 4,8%

Birra bianca di Baladin, delicatamente raffinata, carezzevole per una brezza di agrumi, rinforzati dai sussulti di spezie dolci e delicate come il coriandolo. È la birra che assume il ruolo di perpetuare di fronte a tanti estimatori di Teo il suo amore per il figlio primogenito Isaac. (http://www.baladin.it).

Bianca piperita

Volume alcolico 4,2%

Birra abruzzese di ispirazione belga in stile Blanche, da cui il nome. Nel rispetto dello stile si impiegano frumento non maltato, avena, buccia d'arancia e coriandolo. E' caratterizzata dall'utilizzo della menta piperita e del miele abruzzese di produzione locale.
(http://www.opperbacco.it).

La 68

Volume alcolico 5,0%

Birra in stile Blanche, personalizzata dal birraio con una luppolatura maggiore rispetto alla media (http://www.birrificiomath.it).

SAISON

Saison d'erpe-mere

Volume alcolico 6,5%

Birra belga la prima birra prodotta dalla Glazen Toren, con ingredienti accuratamente scelti: acqua proveniente da un profondo pozzo artesiano che si trova proprio sotto la fabbrica. Al palato offre una sensazione gradevolmente dolce di agrumi (limone) all'inizio, con un finale molto luppolato (www.glazentoren.be).

Duchessa

Volume alcolico 5,8%

Saison italiana del produttore Birra del Borgo.

Birra prodotta con il farro, tradizionalmente coltivato nel territorio del Parco Regionale dei Monti della Duchessa. Si presenta dorata, con riflessi aranciati, appena velata; la schiuma è abbondante e pannosa. Al naso è molto ampia, fruttata (banana, ananas, frutta tropicale) e floreale, con un leggero e piacevole pepato. In bocca la gasatura è fine, c'è una leggera acidità e il corpo è adeguato. La luppolatura è moderata, il finale molto piacevole, fresco (www.birradelborgo.it).

Dau Saison

Volume alcolico 3,9%

Birra italiana del birrificio piemontese Troll.

E' una birra che riprende lo stile tradizionale delle Saison belghe, studiate per poter offrire ai braccianti agricoli del tempo una birra dissetante e saporita ma dal basso tenore alcolico. Due tipi di pepe e una pianta segreta delle montagne cuneesi conferiscono alla Dau' grandissima struttura aromatica, rendendola secca, fresca e dissetante (www.birratroll.it).

New Morning

Volume alcolico 5,8%

Saison del Birrificio del Ducato, ispirata alle Saison belghe. Di colore dorato intenso con riflessi aranciati, è una birra dedicata alla primavera: caratterizzata dalla sorprendente speziatura data dall'utilizzo di fiori di campo (tra cui camomilla), coriandolo, pepe verde e zenzero. Ha profumi eccezionalmente floreali e speziati, una secchezza dissetante ed un amaro da radice. Chiamata New Morning, come il titolo di una canzone di Bob Dylan che racconta la gioia e lo stupore per le bellezze della vita e della natura (www.birrificiodelducato.net).

Migdal Bavel

Volume alcolico 6,6%

Saison, una birra collaborativa nata dall'incontro tra l'italiano Extraomnes e l'americano Stillwater. Come recita l'etichetta, si tratta di una "Italian Saison Ale", ispirata naturalmente all'antico stile belga, ma con un tocco di creatività italiano dato dall'aggiunta di pepe di Sichuan e mirra (www.extraomnes.com).

AraBier

Volume alcolico 8%

Saison del birrificio belga De Dolle.
L'Ara è il pappagallo dell'etichetta. Birra stagionale estiva, intensamente aromatica di esteri fruttati e di luppolo. Corpo leggero e ben attenuato, amarezza morbida. Complessa ma con carattere delicato e caldo. Termina fruttata e secca con punte di zenzero e pepe, con un robusto retrogusto di luppolo (www.dedollebrouwers.be).

Wayan

Volume alcolico 5,8%

Saison. Nasce da un melange di cereali, orzo, farro, frumento ed evoca ricordi di campagne e agrumeti assolati che coi loro profumi ben si sposano coi suoi sentori di fiori di zagara, pera e bergamotto. Frizzante e decisamente rinfrescante, di colore oro carico si presenta leggermente torbida, a tratti opalescente (http://www.baladin.it/).

GOLDEN ALE

Stelle e strisce

Volume alcolico 3,9%

La Stelle e Strisce è una Golden Ale di Birra del Borgo. Si

contraddistingue per il colore dorato chiaro la bassa gradazione alcolica. L'abbiamo dedicata alla bandiera americana perché viene realizzata utilizzando un cocktail di luppoli americani con un'abbondante dose in dry hopping. Secondo questa tecnica il luppolo fresco viene inserito direttamente nella fase di fermentazione per dare aromi e profumi freschi e intensi (www.birradelborgo.it).

24 K

Volume alcolico 4,6%

Golden Ale del birrificio lombardo Brewfist. Nasce nel 2010 dalla passione per la birra di tre ragazzi. Il progetto si basa sul produrre birre originali, di grande bevibilità e qualità. BrewFist è sempre alla ricerca di nuovi ingredienti, nuove tecniche e nuove idee. Birra chiara prodotta con malti inglesi e luppoli tedeschi. Secca, con aroma erbaceo e retrogusto leggermente amaro. Una "session beer" da bere in tutte le occasioni (www.brewfist.com).

4punto7

Volume alcolico 4,7%

Birra italiana del produttore abruzzese OpperBacco, è una Golden Ale dal color oro carico, impiega il 30 % di malto monaco, luppoli simcoe e columbus, utilizzati con una luppolatura mirata ad esaltare il loro aroma, mantenendo basso l'amaro.

Estremamente beverina, regala al suo assaggio numerose sfumature, prima di malto, poi di luppolo che rimane impresso in bocca per molti minuti (www.opperbacco.it).

BELGIAN ALE

Runa

Volume alcolico 4,8%

Birra base del birrificio Montegioco, che spesso viene utilizzata per successive elaborazioni, ma che non è da sottovalutare "in purezza". Nel bicchiere si presenta dorata, limpida; al naso offre sentori di fiori d'arancio, di crosta di pane e un fruttato di albicocca, pesca, con un ricordo di pera. In bocca entra morbida, evidenzia un corpo corretto, con un finale molto pulito, di luppolo, erbaceo. La Runa riesce a far convivere carattere, facilità di beva data da una bella secchezza e una notevole lunghezza retrolfattiva (www.birrificiomontegioco.com).

La Chouffe
Volume alcolico 8%

Belga della brasserie d'Achouffe, La Chouffe è una birra in perfetto stile "ale belga", non pastorizzata e non filtrata, prodotta senza l'aggiunta di alcun additivo e che svolge una seconda fermentazione in bottiglia. Viene prodotta utilizzando l'acqua dalla sorgente di Cedrogne (una tra le fonti belghe situate a maggior altitudine) ed un tipo di malto speciale (www.achouffe.be).

La 5
Volume alcolico 5,5%

Belgian Ale, giallo intenso, bei riflessi dorati. Schiuma compatta, fine e persistente. Al naso spiccano le note erbacee del luppolo e sensazioni floreali, oltre a una dolcezza quasi di miele. In bocca, dopo l'attacco dolce, l'amaro del luppolo arriva a grandi passi dominando il finale. Birra equilibrata, elegante, molto beverina (http://www.birrificioolmaia.com/).

AMERICAN PALE ALE

Cassia
Volume alcolico 5,5%

Novità del birrificio Itineris, in stile American Pale Ale. Sapore di luppolo intenso con note agrumate da luppoli. Corpo da medio, carbonatura moderata. Finale morbido senza astringenza associata alle alte quantità di luppolo. Beverina e luppolata con una buona maltosità (www.birrificioitineris.it).

Rurale

Volume alcolico 5,8%

RurAle prodotta dal Birrificio Montegioco in stile American Pale. Ambrata carica, appena velata, con riflessi ramati. Il naso è articolato, con note fruttate, biscottate, di caramello, accompagnate da sentori erbacei, pepati e agrumati, derivanti dai luppoli utilizzati. In bocca la struttura dei malti sostiene l'amaro dei luppoli, che nella degustazione arriva con grande progressione a pulire la bocca. Lievi note di pepe, spezie e zenzero (www.birrificiomontegioco.com).

Morning GLory

Volume alcolico 5,6%

Birra ad alta fermentazione, American Pale Ale del birrificio Retorto, dallo spiccato aroma di luppoli statunitensi, mediamente amara (http://www.retorto.it).

BOCK

BiBock

Volume alcolico 6,2%

Birra leggermente ambrata, a fermentazione bassa, prodotta per decozione e con il 6,2 % di alcool in volume (16 gradi saccarometrici in peso), corposa ma secca e abbastanza amara. Si tratta di una ricetta sviluppata al "Birrificio Italiano", liberamente ispirata alle "Bock" della migliore tradizione tedesca (www.birrificio.it).

STOUT

Russian Imperial Stout

Volume alcolico 9,5%

Nera impenetrabile, schiuma beige-marrone, pannosa.

E' un Imperial Russian Stout, forte, estrema, dal carattere britannico con accenni di caffè tostato amaro, cioccolato.

Il profumo è di caffè, con delicate note di cacao e anche un originale profumo luppolato. In bocca è calda, avvolgente.

Pan negar

Volume alcolico 4,7%

Stout del birrificio milanese Menaresta, è una Stout scura di origine anglosassone, dal forte aroma tostato e dal corpo leggerissimo, tradizionalmente da grande bevuta. PAN NEGAR - a richiamare il forte legame della birra con il pane - era il pane più povero dei contadini, quello nero, fatto con la farina integrale di segale o con il grano saraceno. PAN.NEGAR: il pane liquido quotidiano (http://www.birrificiomenaresta.com)

BK

Volume alcolico 6%

Stout, birra di colore scuro quasi impenetrabile. Al naso le note tostate sono alleggerite e rinfrescate dalla presenza del luppolo.

In bocca il panorama si ripresenta: pur con sentori di caffè e cioccolato, chiude piacevolmente secca e aromatica grazie all'attento uso del luppolo (http://www.birrificioolmaia.com/).

ALE SPECIALI

L'una

Volume alcolico 6,4%

Birra chiara, specialità del birrificio abruzzese OpperBacco, con segale e zucchero candito, aromatizzata con buccia di arancia e coriandolo (www.opperbacco.it).

Farrotta

Volume alcolico 6,2%

Questa birra è caratterizzata da un bel colore oro con riflessi aranciati. Contiene un'alta percentuale di farro biologico che le dona una tessitura setosa e un sapore caratteristico. In fase di raffreddamento del mosto, viene aggiunto miele d'acacia biologico lavorato da apicultori abruzzesi. Il miele non viene sottoposto a trattamenti termici onde preservarne le caratteristiche organolettiche.

Il blend di luppoli continentali e americani utilizzato dona alla birra un "flavour" piacevolmente agrumato che bilancia armoniosamente l'abboccato e i frutti gialli (pesca e mango) tipici della Farrotta. (www.birraalmond.com).

Jadis

Volume alcolico 6,5%

Blanche del birrificio di Parma Toccalmatto, stagionale la Jadis è fortemente legata alle sue origini. Infatti viene fatta con l'utilizzo di mosto di uva Fortana, una uva molto locale e difficilmente consumata al di fuori della regione, ma che in questo utilizzo rivela tutta la sua nota fruttata. Jadis è una birra elegante e fragrante con note di frutta rossa e una leggera acidità
(www.birratoccalmatto.it)

Oktoberfest bier

Volume alcolico 6%

Birra tedesca di Augustiner, stagionale preparata appositamente per l'Oktober Fest. Si presenta di un colore giallo oro vivo, con una evidente limpidezza e frizzantezza. Il gusto è ben bilanciato tra il malto e la luppolatura non eccessiva (www.augustiner-braeu.de).

Tibir

Volume alcolico 7,5%

Prodotta con aggiunta, a fine bollitura, di mosto Timorasso di Stefano Daffonchio (az. Terralba). Nel bicchiere appare dorata, limpida, con riflessi mielati; al naso la nota vinosa del Timorasso è nettissima e dona grande complessità. In bocca l'alcol conferisce calore, rotondità, supportato da elevata gasatura e da un finale secco, pulito, con una chiusura lievemente erbacea (www.birrificiomontegioco.com).

Rubus

Volume alcolico 5,8%

Spiced Ale di Birra del Borgo è la storia d'amore tutta in rosa tra i Lamponi e la Duchessa. Un'avventura travolgente fatta di fermentazione spontanea e controllata, di passione e di tempo. Un intreccio straordinario tutto da gustare. Rubus idaeus più conosciuto come lampone è l'attore protagonista di questa birra. La birra di partenza è la Duchessa a cui vengono aggiunti lamponi freschi in una quantità di 100 grammi/litro (http://birradelborgo.it)

Mama Kriek

Volume alcolico 5,8%

È una birra ispirata alle classiche Kriek, le birre alla frutta belghe. Ottima come aperitivo porta dentro di sé quel legame con la terra che rappresenta l'origine, il punto di partenza che si evidenzia qui nella "presenza" della mamma di Teo già sull'etichetta della bottiglia. Una presenza che fin dalla sua nascita, affonda le radici nel lavoro paziente di mamma Maria nel pulire le ciliegie griotte per le prime produzioni. (http://www.baladin.it/).

La Folie a Deux

Volume alcolico 6%

Blanche con fragole, nata dalla collaborazione tra Montegioco e Toccalmatto, è una Blanche prodotta con un "Dry Strawberring" di Fragole profumate di Tortona (http://www.birratoccalmatto.it/ - http://ww.birrificiomontegioco.com/)

La Marsilia

Volume alcolico 6%

Birra del Buttero, è una Golden Ale aromatizzata al sale marino e alghe; è una birra ad alta fermentazione, rifermentata in bottiglia, dai profumi marittimi e dal sapore di malto, con una minima aggiunta di sale che non compromette i profumi floreali e del luppolo.

LAGER

Brooklyn Lager

Volume alcolico 5,2%

Direttamente dalla Birreria Brooklyn di New York l'ultima creazione di Garrett Oliver, considerato dagli esperti uno dei migliori mastro birrai al mondo. Brooklyn lager è una birra a pieno gusto, facile da bere, dal colore brillante dell'Ambra e dove i malti caramellati emergono in un finale rinfrescante (http://brooklynbrewery.com)

WEIZEN

Weizen Il Miraggio

Volume alcolico 5%

E' una Weizen (ovvero una birra prodotta con una miscela di malti d'Orzo e di Frumento) del "Birrificio Italiano" alla bavarese prodotta per "decozione". Aromatica e rinfrescante, può essere degustata con una fettina di limone oppure al naturale. E' sempre piuttosto torbida perché uno dei lieviti utilizzati per produrla tende a non decantare facilmente (http://www.birrificio.it).

RatWeizen

Volume alcolico 5,5%

Ispirata alle Weizen bavaresi, è prodotta con il 30% di frumento maltato. Si presenta con un bel colore dorato, velato, sormontato da ottima schiuma; il naso è classico rispetto allo stile: frutta matura (banana), chiodi di garofano, ma anche una lieve nota di mela. In bocca la gasatura alleggerisce la dolcezza del cereale, una lievissima acidità contribuisce ad un finale fresco, corretto e bilanciato.

Birra non impegnativa, facile, non lunghissima, ma molto beverina e rinfrescante (http://www.birrificiomontegioco.com).

Vudù

Volume alcolico 5,5%

Birra ambrata in stile Weizen, del Birrificio Italiano. Fruttata e con note di torrefazione, morbida e beverina con un finale amarognolo e speziato. La VùDù è stata soprannominata anche "L'originaria" sia perché si rifà alle birre primigenie: scure, torbide e non pastorizzate, sia perché è la birra creata per celebrare il 2° anniversario del birrificio. Come dice Agostino: "Una birra antica per uno dei più "antichi" micro-birrifici italiani. (www.birrificio.it)

Hefe Weizen

Volume alcolico 5,4%

Il grano è in questa birra è un vettore importante e sapore tipico. Come per tutte le altre birre, lavoriamo anche con Hefeweizen Rothaus con un peso leggermente superiore originale del 12,5%. Oltre all'amaro da luppolo fine (13 unità amare), il tipico Hefeweizen specie Rothaus ha un altro importante componente sapore, il lievito. In questo tipo di birra

non è mista, ma un lievito ad alta fermentazione utilizzato
(http://rothaus.de).

CarcioWeiss
Volume alcolico 5,0%
Weiss del Birrificio Turbacci con l'aggiunta di carciofi romaneschi.
(http://www.birraturbacci.it)

ABBAZIA

Triple Agnus
Volume alcolico 7,5%
Birra belga del birrificio Corsendonk. Chiara, giallo oro opalescente di
aspetto velato, equilibrato al naso, comunque si presentano i profumi di
frutta matura, agrumi canditi e una forte speziatura
(www.corsendonk.com).

Gertrude Triple
Volume alcolico 7,5%
Birra belga a tripla fermentazione del birrificio Gertrude. Un amaro
discreto, arriva al naso con un aroma di vaniglia. Gertrude di Nivelles,
vergine santa, indossa l'abito monastico e tiene in mano un pastorale,
simbolo dell'autorità di badessa, sempre raffigurata con dei topi, era
considerata la protettrice contro le invasioni di ratti
(www.gertrudebeer.be).

Dubbel
Volume alcolico 6,5%
Birra trappista olandese ad alta fermentazione prodotta dalla Brouwerij
De Koningshoeven, La Trappe è l'unico birrificio, abbazia, che produce
birre trappiste al di fuori del Belgio. Ha un colore ambrato carico e una
meravigliosa schiuma cremosa e lungamente persistente.

Il profumo evidenzia un corredo di presenze fruttate di tutto rispetto arricchito da un sentore torrefatto che ricorda il caffè, con un ottimo equilibrio tra il tostato del malto e il floreale del luppolo, profumi intensi con note di mela cotta, datteri e chiodi di garofano (www.latrappe.nl).

LAMBIC

3 Oude Geuze

Volume alcolico 5%

Denominata lo champagne delle birre belghe. Il Lambic di Drie Fonteinen presenta aromi robusti, un fruttato che ricorda l'albicocca, una buona vaniglia del rovere, un tocco di Jerez e un'ottima lunghezza. E' una Gueze tradizionale, ha un bouquet pieno e allettante, un gusto acido ed un profumo delicatamente fruttato (www.3fonteinen.be).

Oude Kriek

Volume alcolico 6%

Lambic Kriek prodotta dalla Brasserie 3 Fonteinen, in Belgio. Birra di colore rosso intenso, bollicine molto fini e schiuma di colore rosa. Il gusto è inizialmente acido e lascia pian piano spazio al gusto fruttato dato dall'enorme quantità di ciliegie utilizzate in fase di maturazione. Corpo medio e finale molto secco, leggermente astringente. Una Oude Kriek "coi fiocchi" (http://www.3fonteinen.be).

Iris 2006

Volume alcolico 5%

Il birrificio Cantillon è strettamente legato a Bruxelles. E' una birra originale che, contrariamente agli altri prodotti della fabbrica, non è prodotta con il 35% di frumento. L'Iris, che è fatta solo con malto di tipo Pale Ale, conserva il sapore tipico della fermentazione spontanea,

gli aromi complessi e il gusto vinoso. Dopo due anni in botte, subisce un nuovo secondo salto di due settimane prima dell'imbottigliamento. Un sacchetto di tela, riempito di luppolo, viene immerso nella birra per due settimane. Questa tecnica, chiamata "freddo hopping", conferisce alla birra un sapore più intenso e rende l'odore e il sapore più amaro.
Iris è prodotta solo una volta ogni stagione. È per questo che la birra è datata. (http://www.cantillon.be).

Cantillon Gran Cru BruocSella 2005

The Lambic Grand Cru Bruocsella Cantillon is a lambic which has matured for three years in oakwood barrels and has been selected for its exceptional colour, taste and flavour. Its light, slightly amber, yellow-gold colour and its aroma, a mixture of apples and honey, make the Grand Cru Bruocsella a very seductive beer.
(http://www.cantillon.be)

PILS

My Antonia
Volume alcolico 7,5%
E' una Imperial Pils della Birreria del Borgo. Una birra intrigante, estremamente profumata al naso, con note floreali e resinose che si sposano armoniosamente. In bocca è esplosiva e allo stesso tempo equilibratissima. Il mielato del malto e il pepato del luppolo si fondono con un amaro finale netto ed estremamente elegante
(www.birradelborgo.it).

O.G. 1056
Volume alcolico 5,3%
Birra italiana a bassa fermentazione del Convento Carriobolo. PILS dal colore   giallo dorato, piuttosto secca e piacevolmente amaricata

abbastanza fine e compatta. Una birra di medio corpo, secca e sapida, con note di fieno e fiori di campo e toni agrumati. Il finale è molto pulito e piuttosto persistente (www.carrobiolo.it).

Tipopils

Volume alcolico 5,2%

La "Tipo" è una "pils", è la birra di punta del Birrificio Italiano. Birra soprannominata "L'autocoscienza", perché ci vuole un grande sforzo per limitarsi davanti ad una birra come questa. E' in produzione dal 3 aprile 1996 (www.birrificio.it).

Via Emilia

Volume alcolico 5,0%

Primogenita del Birrificio del Ducato, Via Emilia, ha conquistato un vastissimo pubblico di amanti ed estimatori. Si tratta di una birra fresca e leggera, ispirata più alle Pils tedesche che a quelle boeme.
Un birra con una nota erbacea e resinosa intensa, data dai fiori di Tettnang, un luppolo raccolto direttamente in Germania (www.birrificiodelducato.net).

BITTER

Stray Dog

Volume alcolico 4,2%

Double Blanche invernale e innovativa con mosto d'uva Fortana. La bitter senza regole (www.birratoccalmatto.it).

ENGLISH PALE ALE

Dazio

Volume alcolico 6,2%

La Dazio di Ivan Borsato è una birra in stile inglese con luppoli americani, mediamente alcolica e amara. Profumi terziari come pepe, cuoio, chiodi di garofano, liquirizia, quasi figli dell'invecchiamento, fanno capolino a temperature di degustazioni medio alte. D'estate invece servita fresca, l'amaro dei luppoli americani danno grande sensazione di dissetare. L'amaro è medio, ma persistente (http://www.ivanborsato.it).

BROWN ALE

O.G. 1048

Volume alcolico 4,9%

Brown Ale del birrificio Carrobiolo. Il suo colore bruno-ambrato induce alcuni ad aspettarsi una birra particolarmente corposa, mentre la OG1048 si apprezza proprio per la sua leggerezza e piacevolezza di beva. Il colore scuro deriva dall'uso di una miscela di malti che vengono in parte tostati e caramellati. Ne risulta una birra fresca e leggera, che gioca sui contrasti della sua morbidezza con le note di torrefazione, in un eccellente equilibrio tra sensazioni dolci ed amare. (http://www.birradelcarrobiolo.it).

BLACK IPA

B Space Invader

Volume alcolico 6,3%

Black IPA di Toccalmatto. Scura e aromatizzata con un luppolo australiano: il Galaxy. Questo luppolo regala aromi di frutta esotica e agrumi. Birra Scura estremamente luppolata da abbinare a se stessa. (http://www.birratoccalmatto.it)

REGISTRA LE TUE DEGUSTAZIONI

SCHEDA DEGUSTAZIONE

Nome Birra: _______________   Stile: ___________________
Piatto: ____
data: ... / ... / ...   Voto: ... / 10

Esame visivo

Schiuma	Grana bolle	Colore schiuma	Colore	Limpidezza	Fluidit
Assente	Fine	Candida	Paglierino	Torbata	Fluida
Scarsa	Media	Rosata	Dorato	Velata	Poco
Presente	Grossolana	Crema	Ambrato	Limpida	_fluida
Abbondante		Cappuccino	Mogano	Brillante	Viscosa
Compatta			Ebano	Opalescente	
Cremosa					
Aderente					
Persistente					

Esame olfattivo

Persistenza	Olfatto
Sfuggente	Maltato
Corta	Fruttato
Sufficiente	Floreale
Discreta	Speziato
Lunga	Vinoso
	Erbaceo

Esame gustativo

Intensità	Persistenza	Gusto	Sensazioni boccali	Frizzan-tezza	Corpo
Poco int.	Breve	Dolce	Metallico	Scarna	Assente
Intensa	Media	Salato	Astringente	Media	Esile
Molto int.	Lunga	Acido	Frizzante	Decisa	Pieno
		Amaro	Tannico	Forte	Strutturato

SCHEDA DEGUSTAZIONE

Nome Birra: ___________________   Stile: ___________________

Piatto: ____

data: ... / ... / ...   Voto: ... / 10

Esame visivo

Schiuma	Grana bolle	Colore schiuma	Colore	Limpidezza	Fluidità
Assente	Fine	Candida	Paglierino	Torbata	Fluida
Scarsa	Media	Rosata	Dorato	Velata	Poco
Presente	Grossolana	Crema	Ambrato	Limpida	_fluida
Abbondante		Cappuccino	Mogano	Brillante	Viscosa
Compatta			Ebano	Opalescente	
Cremosa					
Aderente					
Persistente					

Esame olfattivo

Persistenza	Olfatto
Sfuggente	Maltato
Corta	Fruttato
Sufficiente	Floreale
Discreta	Speziato
Lunga	Vinoso
	Erbaceo

Esame gustativo

Intensità	Persistenza	Gusto	Sensazioni boccali	Frizzantezza	Corpo
Poco int.	Breve	Dolce	Metallico	Scarna	Assente
Intensa	Media	Salato	Astringente	Media	Esile
Molto int.	Lunga	Acido	Frizzante	Decisa	Pieno
		Amaro	Tannico	Forte	Strutturato

SCHEDA DEGUSTAZIONE

Nome Birra: _________________   Stile: ____________________

Piatto: ____

data: ... / ... / ...   Voto: ... / 10

Esame visivo

Schiuma	Grana bolle	Colore schiuma	Colore	Limpidezza	Fluidità
Assente	Fine	Candida	Paglierino	Torbata	Fluida
Scarsa	Media	Rosata	Dorato	Velata	Poco
Presente	Grossolana	Crema	Ambrato	Limpida	_fluida
Abbondante		Cappuccino	Mogano	Brillante	Viscosa
Compatta			Ebano	Opalescente	
Cremosa					
Aderente					
Persistente					

Esame olfattivo

Persistenza	Olfatto
Sfuggente	Maltato
Corta	Fruttato
Sufficiente	Floreale
Discreta	Speziato
Lunga	Vinoso
	Erbaceo

Esame gustativo

Intensità	Persistenza	Gusto	Sensazioni boccali	Frizzantezza	Corpo
Poco int.	Breve	Dolce	Metallico	Scarna	Assente
Intensa	Media	Salato	Astringente	Media	Esile
Molto int.	Lunga	Acido	Frizzante	Decisa	Pieno
		Amaro	Tannico	Forte	Strutturato

SCHEDA DEGUSTAZIONE

Nome Birra: _______________   Stile: _______________
Piatto: _______________________________________
data: ... / ... / ...   Voto: ... / 10

Esame visivo

Schiuma	Grana bolle	Colore schiuma	Colore	Limpidezza	Fluidità
Assente	Fine	Candida	Paglierino	Torbata	Fluida
Scarsa	Media	Rosata	Dorato	Velata	Poco
Presente	Grossolana	Crema	Ambrato	Limpida	_fluida
Abbondante		Cappuccino	Mogano	Brillante	Viscosa
Compatta			Ebano	Opalescente	
Cremosa					
Aderente					
Persistente					

Esame olfattivo

Persistenza	Olfatto
Sfuggente	Maltato
Corta	Fruttato
Sufficiente	Floreale
Discreta	Speziato
Lunga	Vinoso
	Erbaceo

Esame gustativo

Intensità	Persistenza	Gusto	Sensazioni boccali	Frizzantezza	Corpo
Poco int.	Breve	Dolce	Metallico	Scarna	Assente
Intensa	Media	Salato	Astringente	Media	Esile
Molto int.	Lunga	Acido	Frizzante	Decisa	Pieno
		Amaro	Tannico	Forte	Strutturato

SCHEDA DEGUSTAZIONE

Nome Birra: _______________________   Stile: _______________________

Piatto: ____

data: ... / ... / ...   Voto: ... / 10

Esame visivo

Schiuma	Grana bolle	Colore schiuma	Colore	Limpidezza	Fluidità
Assente	Fine	Candida	Paglierino	Torbata	Fluida
Scarsa	Media	Rosata	Dorato	Velata	Poco
Presente	Grossolana	Crema	Ambrato	Limpida	_fluida
Abbondante		Cappuccino	Mogano	Brillante	Viscosa
Compatta			Ebano	Opalescente	
Cremosa					
Aderente					
Persistente					

Esame olfattivo

Persistenza	Olfatto
Sfuggente	Maltato
Corta	Fruttato
Sufficiente	Floreale
Discreta	Speziato
Lunga	Vinoso
	Erbaceo

Esame gustativo

Intensità	Persistenza	Gusto	Sensazioni boccali	Frizzantezza	Corpo
Poco int.	Breve	Dolce	Metallico	Scarna	Assente
Intensa	Media	Salato	Astringente	Media	Esile
Molto int.	Lunga	Acido	Frizzante	Decisa	Pieno
		Amaro	Tannico	Forte	Strutturato

INDICE DEGLI ABBINAMENTI

Gertrude Triple

<u>Bufale sull'orlo di una crisi di nervi: il gazpacho</u> (pag. 27)
New Morning
Migdal Bavel
AraBier

<u>Toma Langarola Beppino Occelli, tagliata di pere abate, rucola e miele</u> (pag. 85)
La Chouffe
3 Oude Geuze
La Trappe Dubbel

<u>Salame di Felino, uva Fortana, Brie</u> (pag. 91)
Stray Dog

<u>Tartare di pesce spada, mango e olive taggiasche</u> (pag. 66)
Dau Saison
4punto7
Brooklin Lager

<u>Tartare di spigola, pesca, semi di finocchietto e aneto</u> (pag. 17)
Lemon Ale
La Trappe Witte Trappist
Saison d'erpe mere

<u>Carpaccio di gamberi con pomodori verdi e lime, crema di caprino, mela</u> (pag. 60)
Panada
Friska
Farrotta

Tartare di ricciola e melone, finocchi e dressing di peperone (pag. 63)
Blanche de Namur
Latte Più
Jadis

Il Baccala' brillo (pag. 36)
Ambrosia
Seta
Dau Saison

Tri-Tartare di salmone (pag. 31)
Pan negar
Il Miraggio
RatWeizen

Scrigno di sedano rapa, carpaccio di manzo, profumato al tartufo (pag. 82)
24 K
Farrotta
O.G. 1056

Carpaccio di manzo marinato alle 7 spezie, ricotta di bufala mantecata con buccia d'arancia, rucola e olio extravergine (pag. 88)
My Antonia

Diplomatico di scampi (pag. 105)
Isaac
Bianca piperita
Jadis

Risotto parmigiano, polvere di cappero e crudo di ricciola agli agrumi (pag. 108)
Rubus
Jadis
3 Oude Kriek

Carpaccio marinato alle erbe aromatiche e pepe di Sezchuan con misticanza di campo, ovuli e riduzione al balsamico sfumato alla birra (pag. 93)
Morning Glory
Dazio
Tibir

Baccalà Morro pescato all'amo con salatura norvegese (pag. 95)
La 5
BK

Elogio al cioccolato fondente (pag. 97)
BK

Tartare di manzo profumata allo zenzero (pag. 99)
Rurale
Tipopils
Via Emilia

Cofanetto di burrata di Andria e pancetta affumicata, con pesto di zucchine, cipolla rossa e pistacchio (pag. 102)
Wudu
Tipopils
Via Emilia

Milton Keynes UK
Ingram Content Group UK Ltd.
UKHW030410170224
437973UK00012B/1236